十年逐梦"心"相随

主　　编：谢水清

编　　者：朱红果　谭　牡　黄　霞

　　　　　赵海燕　鲁孟君　马　意

　　　　　李超利　陈颖玉　彭桃英

　　　　　陈　惠

湖南师范大学出版社

图书在版编目（CIP）数据

十年逐梦"心"相随／谢水清主编 . —长沙：湖南师范大学出版社，2017.5

ISBN 978 - 7 - 5648 - 2697 - 0

Ⅰ.①十… Ⅱ.①谢… Ⅲ.①中小学教育—研究 Ⅳ.①G63

中国版本图书馆 CIP 数据核字（2016）第 244556 号

十年逐梦"心"相随 Shi Nian Zhu Meng Xin Xiangsui

谢水清 主编

◇策划组稿：李 阳
◇责任编辑：李永芳 李红霞
◇责任校对：杜亚萍
◇出版发行：湖南师范大学出版社
　　　　　　地址／长沙市岳麓区 邮编／410081
　　　　　　电话／0731－88873071 88873070 传真／0731－88872636
　　　　　　网址／https：//press. hunnu. edu. cn
◇经销：新华书店
◇印刷：永清县晔盛亚胶印有限公司
◇开本：710mm×1000mm 1/16
◇印张：13
◇字数：230 千字
◇版次：2017 年 5 月第 1 版 2024 年 8 月第 2 次印刷
◇书号：ISBN 978 - 7 - 5648 - 2697 - 0
◇定价：52. 00 元

序

春华秋实,岁月如歌。

湘潭县云龙小学建校十年来,建设与发展取得了令人瞩目的成绩。学校用不俗的实力印证品牌,用累累的硕果成就卓越,用崇高的使命展望明天。十年历程中,与学校一同成长的不仅仅是莘莘学子,还有那些孜孜以求、付出汗水和智慧的教师们。他们走近童心,用爱与智慧书写教育的美好。

教育无小事,事事皆教育。

本书收录了几十篇鲜活具体的教育教学案例,是云龙小学老师们的匠心之作。这些原生态的教育场景，再现了云龙小学教师对教育、教学的理解认识、感悟收获、耕耘探索，反映了云龙小学建校十年来的育人历程。

也许，读者在书中质朴真挚的文字间，会洞见这群教育的追梦人为之奋斗、为之奉献、为之热泪盈眶、为之无怨无悔的理由。

周大明

2016年10月

（周大明，湘潭市教育科学研究院院长，湖南省特级教师，硕士研究生导师）

目 录

第七章　贴心——当老师真好

第八章　用心——实践与反思

第九章　有心——学科教学

第十章　真心——"妈妈"的故事

第一章 放心——关注每个孩子

　　一棵树，从一粒小小的种子开始，缓缓地生长，也许还弱不禁风，也许还未枝繁叶茂，可是它却永远向上，它在悄悄地吮吸大地的精粹，在细细地聆听鸟鸣的婉转，在静静地沐浴阳光的温暖。而我们要做的，是在温言细语中尽心呵护，在风吹雨打中保驾护航，在漫漫旅途中一路陪伴，静待每一棵幼苗浓郁成荫。

编者按：人生的航灯有很多盏，总是在迷茫的时候，指明航向。其中默默陪伴，悄然引领的那盏，必然是心底最亮的灯。

点亮心灯

陈颖玉

如果我是一颗小小的种子，有她在我身边，总能长成参天大树；如果我是一粒毫不起眼的沙石，有她在我身边，总能变成耀眼的珍珠；如果我是一滴渺小的水珠，有她在我身边，总能变幻出多彩的身姿。她，就是改变了我的人生信念，给了我前进希望的那个人。

三年级的我很是天真烂漫，家和学校便是我的整个世界，上学放学便是我的全部生活，无所谓好坏，也没有多少想法。但是现在，我的世界似乎大了很多很多……

三年级结束的那年暑假，王老师调走了，我们班换了一位新班主任，还没有开学，她就通知家长要给孩子买几本作文书，我也不怎么在意，只是让妈妈去买好了。

开学了，我们第一次见到新的班主任，高高瘦瘦的，戴着一副眼镜，说话掷地有声，严肃的表情让我们对她心存了几分畏惧感。但是到了上课的时候，才发现老师一点也不可怕，时常面带笑容，表达非常清楚，让人一听就明白，特别是上作文课更是活泼生动。春天的花枝招展，夏天的烈日炎炎，秋天的硕果累累，冬天的白雪皑皑，在她绘声绘色地描述中总能给人一种身临其境的感觉。在她的精心指导下，我也能将眼中所见、心中所想，变成一段段精彩的文字。第一次不再畏惧作文，第一次作文得了优秀，第一次被老师表扬，心中有说不出的欣喜。抬起头，看到她送给我的灿烂笑容，更觉得她和蔼亲切。

在后来的日子里，她细心地教育我们，耐心地辅导我们，我的作文水平竟然在短短的一年里突飞猛进，达到了全班最优秀，而且还在《湘潭晚报》上发表了十来篇作文，这是我万万没有想到的，我居然也能做得这么好。我的世界不再小，而是变得美丽广阔。让一个不爱写作的孩子能够爱上作文，让一个有点茫然的孩子能够找准努力的方向。这些都是我的班主任陈老师的功劳。

——《给我影响最大的一个人》

作者：康琬莹

读着这篇文章，我的眼前立刻浮现出一个小小的身影。她总是怯怯懦懦的，从不见她开怀大笑，也不见她下课蹦蹦跳跳的，哪怕是和人说话都是柔声细语，同学一句玩笑话可以将她逗得满脸通红，不知所措，羞怯过后就是泪水夺眶而出。这是一个毫不起眼的女孩，她总是默默地存在于这个集体，安静得你可以忽略到她的存在。最先引起我注意的是她的绘画作品，灵动而细腻，学校需要在班级征收手抄报的时候，她的作品总是最精致的。所以每一次与画画有关的事情都会第一个想到她。

我接手这个班级的时候是四年级，想着要带三年的时间，所以在语文教学方面存在了诸多设想，并在一步一步地践行着。特别是作文教学方面，我花了不少心思。阅读课上，我带着他们赏析一篇篇范文，品味语言，细到一个句子，一个词语，一个标点的妙用，以此培养他们的语言感悟能力。写作课上，我总是精心准备每一次的写作内容，有计划地推进写作方法的指导，从句到段，从段到篇，从写人到写事，从写景到写物，告诉他们怎样开头结尾，怎样取材立意，怎样谋篇布局，怎样抓细节描写。学生的作文水平总算有了起色，但是还没有达到我期待的水准，包括她，也显得普通平常。沉寂了将近一年的时间，直到四年级快结束的时候，在一次环境描写的片段训练中，她描写的一个片段引起了我的注意。

"楼道里，静静地，只听见脚步声有规律地响起，已经靠近顶楼，那悠扬的旋律也越来越清晰，"叮叮咚咚"的，在宁静的黄昏下演奏。

到了顶楼，走向美术室，那琴声从我身边飘然而过。轻轻地坐到桌子前，环顾其他同学，他们都把头埋得低低的，手中的铅笔在洁白的画纸上挥动。黄昏，在这儿只听见铅笔的"沙沙"声，只听见门外那寂寞的琴声，以及窗外偶尔传来的鸟叫声。把目光移向窗外，那天空中唯一引人注目的只有太阳，它就像一颗闪亮的珍珠，镶嵌在辽阔的天幕上。当琴声响起时，黄昏变得更美了……"

当时我在班上读了她的作文，还极尽赞美之词。她虽然还是那个羞怯的样子，对于我的赞美和同学们的掌声似乎仍旧有点不知所措，但是我看到了她羞红的脸上露出了一丝得意。从此，上课的时候她不再总是低垂着头了，闪亮的眼睛里可以看到她的专注，滑动的笔尖可以读出她的用心。这时，我便建议她去当小记者，借助《湘潭晚报》这一平台让她更努力地证明自己，拥有更广阔的舞台。没想到，当她的文章第一次被刊登出来的时候，她是那样的激动不已，写作的劲头更足了，每一次都是精心构思、字斟句酌，篇篇堪称范文。每每读她的作品我除了有一种身为人师的成就感之外，更多的是一种享受，她的作文如小溪潺潺，一路欢歌，娓娓道来。她的文笔非常细腻，哪怕是一片枯黄的树叶、一朵盛开的鲜花都能聆听到生命的呢喃；哪怕是人物的一颦一笑，一举手一投足，都蕴藏着无限真情。这是一个多么玲珑剔透的孩子，她的感情世界竟如此丰富。

教学仍在按部就班地进行着，写作也仍在孜孜不倦地进行着。谈论起这个孩子时，我总是情不自禁地流露出对她的欣赏和赞叹，惊异于她对文字的领悟能力，惊异于她文字背后那颗多愁善感的心，惊异于她和我之间的那种心灵的共鸣，我的希望和期待总能在她的笔下得到最好的诠释和证明。我只知道这个孩子的写作水平是越来越高了，却从未去体察她内心深处暗含的感激，更未想过我的鼓励会对她产生多大的影响。直到那一次考试作文《给我影响最大的一个人》，看到了她的文章，我才明白原来我的教学不仅仅只是在传道授业而已，也在引领着孩子们兴趣的发展，甚至是指引着他们人生的走向。

　　我很感激这个孩子在心中给了我如此重要的一个位置，我也从这个孩子的身上看到了一个教师的职责所在。人人心中都有一盏灯，清澈、晶莹、鲜活、跃动。我希望我像一簇火苗，将它从昏暗中引出，如一声春雷，把它从沉睡中唤醒。将它的腰杆挺起，将它的脚板摆正，照亮当下的踮步，指引遥远的征程。

编者按: "孩子的事,在我心里永远是大事,因为每个孩子都是这个世界的唯一。"小小的留言条,连接着校长和学生,也牵动着老师和家长。对学生,即使再忙,谢校长也事必躬亲、身体力行,用爱换来了学生的认可。

留言条

谢水清

"谢校长,你到哪里去了?我找了你一天了!"外出开会回来刚打开办公室门,小意就哭着进来了。"怎么回事?好好跟我说。"安慰孩子的同时,心里闪过些不快:老师怎么回事,孩子有情绪一天了都没发现?一定要弄弄清楚。孩子见到我询问,哭声就像开闸的洪水止不住。见这状况,我想孩子应该是受了委屈,心疼着,静静等待她哭完,释放伤心的情绪。

缓下来的时候,孩子说:"上周回去,我爸爸和妈妈说要再生个小孩,奶奶也同意了。"……"我爸爸要开饭店,妈妈带小孩,就没人管我了,没人要我了。"原来是这样——"捍卫"宠爱!

我听了既高兴又担忧,高兴孩子好好的,没有其他问题,担忧的是她这个心结不解开,会对她的成长和亲子关系带来多少不利影响。这是现在很多独生子女存在的问题,二胎政策开放,父母纠结;父母备胎的时候孩子纠结。家校共育,父母没有沟通好的时候,老师就要疏导。

于是,我和小意说起了我们家三姐妹的成长故事,故事中有姐妹们的趣事、有姐妹们的互帮互助,还有父母对我们三个的爱,每一件事都向孩子传递的是有兄弟姐妹是一件多么幸福的事啊!小意听着破涕为笑，撒起了娇："谢校长，我最喜欢你了。我妈妈把宝宝生下来，我第一个告诉你。"我是她想报喜的第一个人，多么荣幸！能成为第一个分享孩子快乐的人，是多么幸福！童心，永远那么纯真；守护童心，让我孜孜以求，欢欣不已。

"谢校长，我经常来找你，你都不在，真不好。""老师很忙，我努力工作，你努力学习，我们共同进步！你要找我，有个好办法，你不是学了写留言条吗？你可以留话给我，我看到就会来找你的。""这真是个好办法，谢谢你，谢校长！"看着孩子蹦蹦跳跳地出了门，我像完成了一件重大工作一样高兴，孩子的事，在我心里永远是大事，因为每个孩子都是这个世界的唯一！每个孩子的生命成长是教育存在的最大价值！

其实，小意与我的亲近，是一次不经意的玩笑话，她来报名的时候，我看着报名表上的名字说："你叫'可意'，我女儿叫'可心'，以后你也做我女儿吧。新环境里，这句话给了孩子很大的安全感，校园里碰到，叫得最大声的准是她，笑得最灿烂的也是她。我一直关注着孩子的成长，留言条成为了我们新的联系方式，每次回办公室，我也习惯看看窗台的花盆下是否有便签，甚至很期待看到。那是一份欣喜，一份牵挂。渐渐的，便签有时候变成了一篇长长的日记，一篇精彩的活动叙事，有时还会是校园某种不良现象……文字中夹杂的拼音没有了，句子长了，形容词多了，心理感受深刻了。

"谢校长，我们刘老师生病住院了，今天至少有11个同学打了电话给她，问她什么时候回来。刘老师不在，我们都不想上课……"

"可意，我很高兴看到你们这么关心刘老师，你们都是懂事、感恩的孩子。也可见刘老师是一个多么优秀的老师，平时她肯定很关心你们，爱你们。现在刘老师生病了，虽然住在医院，我想她心里一定想着你们，想你们是否认真听代课老师的课？是否遵守纪律？是否一样能评文明班级？你们表现好，刘老师心情好，病也好得快，知道怎么做了吗？"

"谢校长，我今天得了三张奖状，一张学习进步奖，一张科技创意奖，还有一张优秀实践作业。"

"祝贺祝贺，老师为你骄傲，还要多多加油哦！"

留言条记录着孩子成长的变化，镌刻着我的话语在孩子身上产生的印记，这种默契和温暖滋养着孩子向上、向善。

教育孩子的方式有很多，我虽没有到教室给每个孩子上课，但我抓住每一次全校的大课，更重视每一次像小意一样的小课。做一个教育的有心人，在平凡的校园生活中捕捉着教育的动人画面。我希望我的眼睛是学校的录像机，记录着一幕幕，凝成历久弥新的学校精神，从一个个细节开始，从力所能及的地方开始，让孩子发生改变，让学校发生改变。

编者按：理解和宽容是一种无声的教育。王老师洞察了女孩鑫鑫的反常，和颜悦色地和女孩沟通；理解了女孩的异常，也给了她很好的建议。金无足赤，人无完人。及时的教育能帮助孩子走得更稳更远。

宽容也是爱

王　凤

"金无足赤，人无完人。"我常跟学生说，犯错没关系，只要知错能改就是好学生。

记得上学期，为了迎接段考，我进行了一次小测试，周五检查完试卷后，我要求孩子们把试卷拿回家更正并请家长签字。返校后，我收齐所有的试卷并检查起来，忽然，我的眼睛停留在一张书写很工整的试卷上，查看几遍依旧找不到家长的签名，我很疑惑：这家伙胆子不小呀，再三强调的事，还将它当耳边风。一翻试卷，竟然是她（鑫鑫），一个很优秀的女孩子。于是我把她叫到办公室，询问她怎么回事？只见她低着头，用蚊子似的声音说："我爸爸妈妈很忙，没时间帮我检查。"

据了解，女孩的妈妈非常关心她的学习，经常会给我打电话询问她的学习情况，怎么会没空检查呢？我的疑惑再度加深了，我让鑫鑫先回教室，随后我跟她的父母取得联系，原来女孩撒谎了，根本就没有把试卷拿给爸爸妈妈检查。一直都很听话乖巧的她为什么会撒谎呢？她平时非常优秀，考试在班上都是佼佼者。但妈妈对她的要求非常严格，而这次测验她只考了88分。想到这些，我恍然大悟，再次把女孩叫到办公室，用柔和的语气跟她说："鑫鑫，如果真的是因为妈妈

9

太忙没有签字，那么老师不怪你，等会老师给妈妈打个电话，让妈妈以后多关心你的学习，配合你完成任务，好不好?"女孩的脸唰的一下变得通红，眼泪哗哗地往下流："老师，对不起，我欺骗了你，是我没有给妈妈检查试卷。"我轻轻地拍了拍她的肩膀，安慰她："别哭，孩子，有什么事你跟老师说，不用怕。"这时，女孩哭得更厉害了："这次考试没考好，我怕妈妈骂，所以不敢把试卷给她看。"我递过纸巾让她把眼泪擦干："一次没考好，并不代表什么，只要你能从这次考试中找出自己存在的问题并解决，老师相信你下次一定能考好。你一直是老师心目中的乖学生，老师希望你做个诚实的孩子，要知道一个人的品德比学习更加重要。这次的事老师原谅你，也替你保守秘密，至于妈妈那里，你自己应该知道怎么做了吧?"鑫鑫点了点头，"每个人都会犯错，只要知错能改，你就是老师心目中最棒的孩子。"女孩脸上露出了会心的微笑："王老师，以后我再也不会撒谎了，请你相信我。"听到这句话，我欣喜地点点头。

这件事以后，鑫鑫的表现一直非常好，对我也格外亲昵，对数学的学习也更有兴趣了，有什么心里话都找我说。就这样，课堂外的我成了她的好朋友。

每次看着女孩的微笑，都不由自主地触动着我的心弦，原来理解和宽容也是一种无声的爱!

编者按：阅读，让人生更精彩。沟通，让家校更和谐。贺老师发现了学生的自信点，并积极与家长沟通，让学生将热情投入到学习中。

那一抹自豪

贺 婷

做学生时，我们一定有过这样的感受，当老师讲述的某个地方，我们如果去过，会觉得特别自豪，接下来听老师的讲述也会聚精会神。相同的感觉还包括老师推荐的书，如果我们已经读过，这种自豪之情也会油然而生。

确实，这种自豪感如同黑夜中的火花，照亮激活儿童的思维，它有一种无形的动力，能让孩子更自信，更主动。开学不久的阅读课，我给孩子们带来了一本我特别喜欢的童书《夏洛的网》。我声情并茂的朗读赢得了孩子们的喜欢。下课时，诗诗跑过来兴奋地说："老师，我们家也有这本书！"只见她说这话时，脸上带着一份欣喜、一抹自豪。这份自豪来自家里居然有和贺老师一样的书，这本书还那么好看。"是吗？孩子，你太了不起了，竟然走在了老师的前面，相信将来你会变得更聪明。"我微笑地摸着她的头。第二天的阅读课，我在班上大力表扬了这个孩子，孩子的眼睛也立刻变得生动起来，那份得意之情不言而喻。

看来，作为家长和老师，孩子身上涌现的这种自豪感，我们要小心翼翼地珍惜和呵护。千万不能说一些打击的话，或者对孩子表现出来的这种情绪漠然待之。所谓的珍惜和呵护，就是要激发和赞扬这种自豪，让孩子带着自豪感、喜悦感走进阅读中。

　　周五，我和诗诗妈妈进行了一番交流，让我看到这位妈妈为孩子所做的诸多努力，甚至已经带着自觉意识。她给孩子买了不少课外读物，很多时候是陪着孩子一起阅读，然后慢慢放手，让孩子自己走进书香的世界。因此有时诗诗理所当然会豪气地说："这本书我们家有，这本书我们家也有。"是呀，书，她家可以有，故事她可以读过，而重新走入，重新开始，这种新的体验是在家里从所未有的。

　　我很赞赏诗诗妈妈的这种努力，她实际上在做一件意义重大的事情，而且她在适当的时间为孩子书香的一生打下了厚实的基础。她给孩子准备的大量课外书，就是给孩子准备了一个丰富的知识背景。当诗诗读完家里的书本，读完一个个故事，她走进学校的时候，她已经不是白纸一张，她已经有了许多的知识储备，她心中已经装了许多故事，许多美好。而老师教授的知识，便一定也不会是那么陌生和生硬。这是第一个意义，孩子在阅读中建立了一定的知识背景；其二，孩子拥有了阅读习惯，由此衍生出同学习相关的一些爱好，比如：孩子喜欢翻阅小古文，喜欢阅读名人故事，这里面恰恰又包含着新的意义。在翻阅小古文这种无意识活动中，或者是她纯粹玩乐的兴趣中，古文在她心目中留下的那个印象，在她日后接触古文、真正学习古文时，也将会被唤起，那时的她同样是有准备的孩子。同样，英雄的种子也在她心中播下。

　　诗诗现象对于我们的教育意义是什么？那就是要营造环境，给孩子建立一个知识背景，但建立不是一朝一夕。正如我们拥有书籍很容易，而要做一个阅读者，却并不简单。

　　再回到开头，孩子身上涌现的自豪感，看似偶然，实为必然。当她看到的多，听到的多，感悟也多的时候，她与老师的交集才会多，这种自豪感萌生的概率才会多。而这种自豪感，正是孩子们快乐学习的动力所在，也是快乐所在。

编者按：幸福是什么？看看廖老师的文章，你就会明白，那是学生的信任、家长的托付……

享受幸福

廖艾红

每天与学生朝夕相处，总有许多难忘的故事沉淀在我们的记忆之中，温暖着我们的心灵。走近学生，注视着他们可爱的小脸，灵动的眼神，细听他们离奇而又荒诞的疑问，你会领略到一种纯净，一种无瑕。走近学生，不仅仅是走进课堂，更是情感的交互。与学生之间的故事里有温暖、有感动、有反思、有收获，在这一串串故事中，更让我理解了教师的崇高与伟大，感受到教师的幸福所在。

欣慰于孩子的信任

那是一个宁静的午后，我照常准点来到办公桌前，一页练习纸跳入了我的眼帘，打开一看，上面布满了几行小字，定睛一看：

廖老师：

您好！

我今天写给您的这封信是我酝酿许久才写的。我今天想和您说说心里话：老师，我不知道为什么有种怕您的感觉，您讲每一句话时我都有点紧张，我同时也有点想放弃自己了，面对同学们一次次的成功与我的失败，我很失落和茫然。我一、二年级的那些荣誉感，突然不见了。我心中埋藏的妒忌感却涌起心头，我有时也觉得您有点偏心了，您能给我一些建议吗？

小逸

读着孩子的心灵独白，我的心也随之漾起波澜，全身涌起一股幸福的热流，这是孩子对我的信任啊！拿起桌上的笔，将内心的话在练习纸的背面倾泻而出：

小逸，非常感谢你对我的信任，能将你的心里话说出来。首先，我在这里向你致歉，平时没太留意你的内心世界，没能及时帮你解惑，让你幼小的心灵承受了过大的压力。

或许是我有点追求完美，总希望我的学生个个优秀，能快速成长（你便是其中的一个）。因此，我容不得你们不认真，容不得你们拖拉，容不得你们退步……这样便让你们产生了怕我的感觉，真希望你们能理解老师对你们的每一次批评教育，我真的是"对事不对人"，对任何同学都没半点偏见。

对于你说的想放弃，妒忌他人的心理，我认为你的想法不正确：第一，你本来就优秀，为何放弃？没理由；第二，作为阳光少年，应在挫折中成长，"温室里盛开的花朵"是容易凋谢的，人生路上的不如意，只要我们用积极进取的心去面对，将来你一定是最经得起考验的，因为你练就了坚强的意志；第三，"人外有人"，这是很正常的，常胜将军是少有的，当你发现有人超过你时，你应化压力为动力，与他人一比高低，而非妒忌，每个人要想取得更大的进步，有对手竞争比没对手要好多了。

最后，我要告诉你，老师心里一直喜欢你，只是因为你还不够完美，便总想鞭策你不断进步，也因此对你的批评或许多了点，今后我也会顾及你的心理，同时也希望你别放在心上，不再这样想，好吗？让我们成为永久的朋友，有心里话就一吐为快。

聪明的你，一定会迎难而上的，祝你天天开心，学习进步！

你的大朋友

放学后，我悄悄地将这页纸塞给了小逸，晚餐后，当我再见到她时，她的脸蛋像绽放的花朵，笑得格外的灿烂。事后，我将信的内容发给了家长阅读，家长读后非常欣慰，从那以后，家长的教育比过去更得法，孩子在成长路上充满了自信与挑战，"阳光"成了孩子的代名词。

充当慈母的角色

刚刚毕业的37班，有几个孩子是留守儿童，其中一个叫小颖的孩子，父母常年在佛山工作，每周是奶奶负责接送。奶奶年纪大了，患了心脏病，手术后身体虚弱，我便担起了接送这个孩子的任务，并且每周带回家给她做一顿好吃的饭菜。一次孩子在作文中写道"每次坐在廖老师的后座上，搂着她的腰，趴在她的肩背上，还能吃上廖老师亲手做的美味，那暖暖的母爱涌上我心头，我好想叫她一声妈妈。"

还有一个叫小泽的孩子，生活在离异家庭。父亲经常出差，有时周末，月假都赶不回来接他，他父亲一个电话打来，"廖老师，我又赶不回来，麻烦您带泽子去你家，好吗？"我总是爽快地回答："没问题，交给我你放心。"回到家，我为了不让孩子感觉拘谨，陪孩子看电视，写作业，给孩子做好吃的……完全充当了母亲的角色。

虽然小颖同学现在就读于江声中学，小泽就读于长沙明德中学的重点班，我一直在电话里关心着他们的学习与生活，他们也总会利用假期来我家，向我汇报自己的情况，我们就这样一直彼此牵挂着。

……

从我身边毕业的学生们，他们一直没有忘记我这个老师。每年的各种节日，我总能接到学生们的祝福；每到放月假，毕业的孩子们会相约一起来云小看望我；而那些已参加工作的学生，常约上几个同学，邀请我一起聚聚……

走在教育的路上，我愿就这么静静地享受着孩子们带来的种种幸福，就如享受风的柔媚，雨的缠绵；也如享受春天的杜鹃花开，夏夜的蛙声一片，直到永远……

编者按：每一个孩子都是一棵苗，我们用心浇灌，必会枝繁叶茂；每一个孩子都是一朵花，我们静心守候，必会悄然绽放。留守的孩子，温馨的校园就是你晴朗的天。

留守的天空不下雨

马 意

"留守"一词，有些冰冷，也有些心酸，更有些无奈。

7岁的小兵（化名）由班主任和生活老师带到学校医务室清洗伤口。医生一边细心地帮孩子把已经粘在伤口上的纱布清理好，一边在叹息当时处理得不够及时，不够科学。我正好经过医务室，出于一个云小老师的本能，我走进医务室询问情况后才得知，这个孩子是一个留守儿童，父母远在新疆，一年才回来一次，平时周末回家，都是和爷爷奶奶生活在一起。上周放假，孩子坐在爷爷的摩托车后面，不小心把脚后跟卡进了摩托车的车轮里。事发虽然已经一个星期，但是，孩子现在的伤口，仍让我有些心惊肉跳，不难想象当时用"皮开肉绽"来形容一点都不为过。而且，长近五厘米的伤口，脚后跟的肉还是狰狞地向外暴出来了。这么长的伤口，一针都没有缝合，只有纱布简单地遮盖，这还是在学校校医进行的处理，之前孩子的爷爷只用两个创可贴稍加掩盖。

看到这个情况，我感到十分心痛。同是父母的孩子，有的孩子磕碰一下父母都心痛得要命。而看着眼前的这个孩子咬着牙齿，不吭一声地接受医生为他处理创口，一直蹲在旁边的我心揪紧了，也触痛了我那颗为人母的心。我无法想象，当时的情况是怎样的，一个7岁的孩子是如何忍受这种剧痛来接受伤口草草地处理。如果不是校医的及时处理，伤口感染的可能性很大。

在回校的一个星期里，生活老师在寝室用凳子架起来，把他的脚抬高，细心地帮他洗澡，让他的脚没有碰半点水，来学校几天，已有明显好转。处理完伤口后，孩子无法下地走路，我不知道是哪里来的力量，将孩子从医务室一口气背到励志楼3楼。我甚至觉得此时，师爱的力量超越我作为母亲的爱！但胸口总感觉被什么堵得慌……

再看看周末吧。每逢周六，总会有那些不能回家的孩子三三两两，或打球、或下棋、或游戏、或学习……每一处都有玩伴，都有老师。为了这些孩子能够吃好、学习好、休息好，整个双休日，教学老师、生活老师、食堂工作人员甚至是保洁奶奶都留有一部分在学校值班，让孩子们都能享受和平时一样甚至更加温情的校园生活，这使我想到我的儿子。周末虽然可以回家，但是我和他爸爸也只有周末才有时间忙自己的事情，哪里还有时间去顾及他啊。孩子在家里又没有什么兄弟姐妹和玩伴，很多时候是和电视相伴。自己做作业，有没有做完？对与不对？我们也没有去检查过。有时，遇上有事耽搁了回不去，就让儿子一个人在家随便吃点东西应付着；也有的时候，孩子一天到晚吃的是零食，根本无暇理会他肚子会不会饿，可不可口，营不营养。我想，也许像我这种情况的家长也不少，我曾经也问过很多的学生，周末在家里干什么啊？爸爸妈妈在家里吗？你什么时候睡觉？在家里吃些什么啊？得到的答案很多和我儿子的情况如出一辙。虽然，他们都不属于留守儿童的范畴，但是他们是"周末留守儿童"，孩子虽然人在家里，但因为家长的缺位，他们比起留在学校的孩子来说，更为孤单。

相较之下，学校，让"留守"一词变得温暖。虽然，留守现象是新型经济产业发展下的必然产物，我们无法避免和遏制。但是，作为老师，作为学校，我们能做的，是让他们能够在同一片蓝天下和别的孩子一样健康快乐地成长，和他们一样全面地发展。我们相信，在云小，每一朵花蕾都能沐浴阳光，每一片留守的天空都不会下雨！

编者按： 耕耘在咫尺讲台，最大的幸福莫过于看到孩子展开的笑脸。陈老师用自己精湛的剪纸技艺，引导孩子在快乐中收获成功。

剪纸团花的惊喜

陈聪祥

在一个老师的教学生涯中，总会遇到各种各样的学生：有的可爱，给你带来欢乐；有的贴心，让你感到温暖；有的勤奋，让你感动欣慰……但也有一些学生，他们一会儿是"小魔鬼"，让你生气难以自已，一会儿是"小天使"，让你看到孩子的纯真和教育的奇迹。小童就是我遇到的这样一个特殊的学生。

小童是一个二年级的学生，说他特别是因为他的性格比较古怪，学习习惯不太好，家长和老师都没少在他身上花心思。在我的课堂上他也不例外，有时歪着身子坐，有时做些小动作，常常心思不在课堂上。对于这个学生，我曾努力想要改变他，试过各种办法终是徒劳而返，直到那天……

那天，我在办公室写教案，一个孩子蹦的一下来到我面前，对我说："老师，送给你！"我抬头一看，这不是调皮鬼小童吗？平日的他可是很少主动跟我交流的，有时上课被我批评了，还会和我闹别扭呢！正当我疑惑着，他把手里拿着的好些团花递给我，满脸的期待和兴奋。见我没有立马接他的"礼物"，小童再次说道："老师，送给你的！"我连忙接过他的作品，在接过他作品的那一瞬间，我立马启动记忆搜索功能，回忆起在他们班上团花课时的情景——那节课小童开始的时候好像确实是比较认真的，但是当上课进度不到一半的时候他就控制不住自己，又故态复萌了，尤其在作品评价的时候，他的作品并没有引起我多大的关注。而现在他将团花作品送给我，他是怎么想的呢？拿到这些送给我的团花，每张我都认真地欣赏了一番，感觉还挺漂亮的。我带着怀疑的语气问："这是你剪的？"小童立马作出肯定的回答："是的！""这些彩纸送给你，希望你还可以剪出更多漂亮的团花，好吗？"我立马拿出一些彩纸送给他，并交代道。这么做，一是想看看是否真是他剪的，如果是，也可以作为一种奖励（平时剪纸课，漂亮的彩纸是作为一种奖励发给学生进行练习的），希望他能够再接再厉。

在接下来的几节美术课中，我开始着重关注这个特别的学生，让我很吃惊，他的表现完全像是换了一个人。每节课他都积极参加老师组织的活动，课堂中没有以前的任性，而是谦虚的学习，不禁让我刮目相看。几天过后，小童又来找我了，那些送给他的彩纸已经变成了一张张美丽的团花作品。我认真欣赏他的每一张作品，同时给出不少的建议。孩子听得很认真，并且说："老师，我最喜欢剪团花了！"，一句简单的话告诉我，有些事情正在慢慢发生变化。但是随着他剪出的作品越来越多，班主任开始和我"抱怨"了："小童每天都在剪团花，剪得地上满是碎纸屑！"听到班主任这么说，下课我立马找到小童，与他进行了一番交流，鼓励他想办法既能继续剪他喜欢的团花，又能不破坏教室卫生。第二天，我在兴趣班辅导，小童又开心地跑进了我的教室。这次他不单只是带来了剪纸作品，还带来了一个用纸折的小盒子。他非常开心地展示他的盒子，对我说："老师，现在我有一个手工盒了，每次我都把剪的废纸丢在盒子里，就不会弄脏地面了。"瞧着孩子那满脸的笑容我感觉他真的长大了，之前那个特别的孩子又是那样的特别。

每个任性、调皮的学生都有一个突破点，老师在寻找到这个突破点以后，教育工作的困境才能迎来"柳暗花明又一村"。都说兴趣是最好的老师，确实如此啊！小童可能喜欢做手工，而剪团花这类手工课带给了他快乐、自信与成就感，他怎么会不爱上它，从而改变自己对待学习的态度?《剪纸团花》一课带来的意外收获让我很惊喜,对于一些所谓的"问题学生",往往需要的只是一个教育契机,老师需要敏锐地去发现它,而且发现了就不要放过它,它会还给你一个奇迹。

作为教师的我,在平时的工作中,我也会注意把握好这样的机会,与学生多沟通,再教育,这样才会有成效。因为团花,我和小童建立了良好的师生关系,他信任我,愿意听取我的意见,下课后还会与我交流学习的心得,让我感到欣慰。"冰冻三尺非一日之寒",一个孩子要彻底改变也不是一朝一夕的事,虽然有时候他还是会在课堂上有些怪异的表现。但是他已经不再是以前那个任性的学生了。待他冷静下来,与他沟通,他会主动承认错误,并且在日后几天有着优秀的表现,虽不能长久坚持,但已是很大的进步了。再多花些时间,再多花些心思,相信他会有更大的改变。

每每看到小童课后开心的笑脸,我为他的进步表现倍感开心,也为自己在工作上的进步而快乐。谢谢小童送给我的剪纸团花,正是这份特殊的礼物建立了我们师生间的友谊,也让我体会到教育的成就感。

第二章 慧心——智慧老师

爱是一幅山水画，洗去铅华雕饰，留下清新自然；爱是一阵和煦风，吹去朔雪纷飞，带来春光无限。我们是爱的播种者，一如暗夜里的星光，一如酷暑里的清泉，一如蓝天上的彩虹。我们为孩子编织美丽的梦想，打开向阳的窗，我们给孩子安上飞翔的翅膀，在爱的殿堂展翅翱翔。

盈盈一笑 "百媚" 生

陈颖玉

中华古典诗词，是中国文学史上的明珠，也是中华文化的瑰宝。多少绚丽的华章经久不衰，多少动人的诗篇荡气回肠。我喜欢带着学生畅游古诗词的海洋，总会被"长风破浪会有时，直挂云帆济沧海"的豪迈鼓舞，也会被"醉卧沙场君莫笑，古来征战几人回"的悲壮感动，还会因为"问君能有几多愁，恰似一江春水向东流"的悲情而动容。

今天又是一节古诗词新授课，正好讲到北宋王观的一首词《卜算子·送鲍浩然之浙东》，这是一首送别词，写的是春末时节送别友人鲍浩然，表达了词人送别友人鲍浩然时的心绪。这首词以眼喻水，以眉喻山，设喻巧妙、情趣盎然，又语带双关，写得妙趣横生，在送别词中独树一帜。

当讲到"水是眼波横，山是眉峰聚"时，孩子们对这新奇的比喻表现出了浓厚的兴趣，而我则口误为"诗人将水比作是美人的'眼睛'"。这时，一个细心的孩子马上指出："老师，不是眼睛，而是眼波。"我立即发现了自己的错误，但是并没有马上纠正，而是继续装糊涂："眼睛和眼波有区别吗？不是一样吗？"

争论模式就此开启，不过对峙的双方就是老师和学生，我故意坚持两者就是一样的，但是学生坚决反对："不对，'眼波'比'眼睛'用得更好，因为眼睛只是写出了形状，而眼波则是从神态上来写的，更传神一些。""那美人的眼波是什么样的呢?"我继续追问。"含情脉脉!""放电的感觉!""跟陈老师看人的眼神是一样的!""陈老师的眼睛不会放电,只会放箭!"我故意狠狠地瞪了一眼,教室里一阵大笑。

这时,坐在第二排的一个男生无限陶醉地说:"一想起美人那含情脉脉的眼神,我就会心驰荡漾。"教室里再次爆发一阵大笑。"单纯"的孩子哦,有必要说得这样赤裸裸的吗?看着他那稚嫩的面容,却是一副深情的模样,我又忍不住"扑哧"一笑。课总得往正道上引吧,所以我又顺着孩子的话问:"文中令人心驰荡漾的是什么?"孩子齐答:"是水!""那说明什么呢?""鲍浩然要去的浙东是一个秀美的地方。""用文中的话说,就是那——""眉眼盈盈处!"就在这一问一答之中,孩子们轻松地理解了这首词的意思。

因为很喜欢"水是眼波横,山是眉峰聚"一句,所以学完了课文内容之后,我又开始引导孩子们进行创作,学生的兴致很高,一个孩子脱口而出:"腰是柳条枝。"另一个孩子马上建议:"老师,我想帮他换一个词,腰是柳条姿。"孩子的建议得到了大伙的认同,我也顿感欣慰,看来平时的"炼字"还是有效果的,悄然升华了孩子们的解读意识与写作能力。"唇是樱桃红""发是杨柳飘""泪是露珠滴""人是泰山立""雪是仙子舞""荷是美人羞"……一双双高举的手,一个个跳跃的身影,让人眼花缭乱。课堂上,碰撞着智慧,蓬勃着生机,洋溢着快乐。清风拂来,神清气爽。

时间静静地流淌着,下课的铃声已经响起,夹起书走出教室,后面还有孩子在大声呼唤:"老师,你别走呀!我又想到了一个好句子……"

走进办公室,脸上仍是笑意盈盈……

附:

卜算子·送鲍浩然之浙东

(宋)王观

水是眼波横,山是眉峰聚。欲问行人去那边?眉眼盈盈处。

才始送春归,又送君归去。若到江南赶上春,千万和春住。

编者按：爱是一种激情，更是一种智慧。李老师用她的细腻温柔，润物于无声。

巧施妙计护自尊，爱对方法赢信任

李 静

　　她，叫瑶瑶，是学校的名人。她的出名不是因为学业优秀、表现突出，她也没有过人的本领，但，她就是这样一个让你过目不忘的人，因为她是那么的有"分量"。没错，她很胖，一个年仅11岁的小姑娘却有一个150斤左右的身躯。在学校她是唯一一个这么胖的人。因为胖，她常常多走几步就气喘如牛，总是跟不上小伙伴的步伐；因为胖，她穿不了小姑娘们最喜欢的公主裙，总是只能用羡慕的眼神欣赏着别人的美丽；因为胖，她常常挥汗如雨、汗流浃背，身上的汗酸味常常使得同学们对她避而远之；因为胖，她常常成为同学们取笑捉弄的对象……她大大的身躯里装载的却是一颗极小极其脆弱的"玻璃心"。

　　尽管这样，她却把自己伪装得强大而自信。别人不跟她玩，她就搞搞恶作剧，故意藏起文具盒，看见那人心急如焚的样子她就哈哈大笑；男孩子要想欺负她，她就挥挥她强壮的手臂，吓得他们望而却步、溜之大吉。有时甚至故意去挑衅他们……引起别人的注意，这也许就是她的处世哲学。

　　因为这样，到我这来打她小报告的也不在少数。这不，斯瑞带着哭红着的眼睛被人簇拥着来到了我办公室，一问才知道她的20元钱放在文具盒不见了。钱放在文具盒里不见了，那肯定是被人偷了。出于好奇或者搞恶作剧，偷拿别人东西的事情班里时有发生，凭着我的经验和直觉，这拿钱的人肯定是斯瑞最亲近的朋友或同学，但她的两个好朋友一个是班长，一个是学习委员，这两个品行优秀的同学很少有违纪的举动，不像是这样的人，那会是谁呢？我正冥思苦想之时，班长走来她悄悄地告诉我说："李老师，我想给你提供一个线索，瑶瑶很有可能就是偷钱的人，因为她是斯瑞的同桌，也常常喜欢搞恶作剧，上次还把斯瑞的书偷偷藏起来了，知道斯瑞把钱放文具盒的人也只会是坐在她四周的人，所以我认为她的嫌疑最大，而且刚刚同学们都来安慰斯瑞，只有她表现得很紧张。"瑶瑶？真的会是她吗？没有证据我不敢肯定，可是我该怎样展开调查呢？要知道她可是个"玻璃心"女孩呀！她这样一个极其敏感极其自尊的人我能像往常一样直接找来就开始"审问"吗？不能啊，这样与当众羞辱嘲笑她无异啊！我该怎么办呢？我边惆怅着边往教室走，经过教室门口时，几声爽朗清脆的笑声传入耳中，是瑶瑶，她又在逗同学玩呢，见我经过教室正看着她，她的笑容立刻僵硬了，眼神中分明掠过一丝紧张，见我没有走进教室才放松下来。她这样的异常反应，让我的惆怅变得更加沉重了，难道真的是她？怎么办呀，怎么办？有什么好办法能破解这个"谜案"吗？我不断地问自己。

紧张，害怕自己犯了错误被人知道被人耻笑，担心受到责罚，这是犯错的人的心理。因此他们常常会三缄其口，打死也不承认自己的错误。自尊心特别强的瑶瑶此时肯定也紧张极了，也许消除这种害怕心理让她毫无后顾之忧便能很快"侦破此案"。这时脚边的一个纸团引起了我的注意，我习惯性的捡起来准备扔进垃圾桶，就在捡起的一瞬间发现上面有字迹，出于好奇，于是展开一看，上面歪歪扭扭地写着一行字"下课后我们去打乒乓球好吗？"这是哪个坏小子上课不专心偷传纸条，真不像话！咦？纸条，纸条！我有办法啦！

我走进办公室，从抽屉里找出几个废旧的本子，认认真真、仔仔细细地撕下后面几页空白页，用剪刀再做修剪，尽量做到撕下来的每一张都一模一样。夕会课一响铃，我便带着我的"法宝"走进了教室。站在讲台上，我环顾整个教室，每个同学都坐得直直的，看到瑶瑶时，我向她微微一笑，眼神特意多停留了几秒，就这几秒钟的时间里她的目光也总在躲闪，内心的担忧显露无遗，这再次紧张的眼神让我更加肯定我今天该这么做了。于是，我对大家说："今天老师在总结一天的情况之前，先讲一件事情，很多同学知道今天班里发生了丢钱事件，丢钱的斯瑞同学很伤心难过，我想，一定是哪个同学恶作剧想逗逗她，因为每个同学都知道随意拿别人的东西很不好，'小来偷针大来偷金'，'勿以恶小而为之'的道理大家也都懂，我想，此时拿了钱的同学心里一定也很内疚，只是不知道该如何承认错误，害怕老师责罚，我请你放一百个心，只要你敢于承认错误，我们一定原谅你，我们最喜欢和知错能改的孩子交朋友。人人都有自尊心，犯了错误想承认但又有顾虑，是这样，为了维护你的自尊我也可以不告诉别人，我这准备了一些纸条，人人都是一样的，上面没有任何特殊标记，不要担心被别人发现，如果是你拿的就请你勇敢的在纸条上写上'是'，没有拿就写'不是'，不记名，写完后对折。这样也没有人看见你写的是什么，然后放在课桌的左上角，我来收，我希望同学们能好好地把握这次机会，做勇敢的自己。你为自己的错误勇敢地跨出了这一步，一定会赢得大家的尊重和敬佩的。"大作了一番思想工作后，底下有些小声地议论："李老师都这样说了，大家都大胆地写吧！"于是我发下了纸条，很快同学们写好了，我开始一个一个收上来，收时我特意留了个心眼，前面的同学大都没写什么，纸条虽是对折的但依稀可见只有简单的"不是"，收到瑶瑶时，她眉头紧锁，一副很自责的表情，她把纸条交到我手上我发现上面有一行字，我心里抑制不住地高兴，心想，成功了！收完全部纸条后，我也不看，继续总结一天的学习情况。

下课后，我回到办公室打开那张写了一行字的纸条，上面写着：对不起，李老师，是我拿了斯瑞的钱，我下课就还给她。看到这里我长长地吁了一口气，这个孩子还是很勇敢的，我还要继续帮助她。于是我找了斯瑞，告诉她瑶瑶承认了错误，希望得到她的原谅，也请她给瑶瑶一个机会，不要告诉其他人，懂事的斯瑞爽快地答应了。为了实现之前的承诺，接下来我没有找瑶瑶谈话，因为我知道她既然承认了错误我就可以放手给她一个改正错误的机会，对于自尊要强的孩子来说丢了的自尊让他自己捡起来好过别人的帮助。

第二天，我在班里宣布犯错的同学已经承认错误，我们成功得到了一个知错能改的好朋友，教室里顿时响起了热烈的掌声，我看见瑶瑶笑了，笑得那么阳光，那么灿烂！

此后，瑶瑶这个胖女孩变得与我亲近了，我知道我在她心里有了一个重要的位置。

我国近代教育家夏丏尊曾说过的一句话："教育之没有情感，没有爱，如同池塘没有水一样。没有水，就不成为塘，没有爱就没有教育。"的确，老师的爱是学生心田的一股清泉，是学生头顶的一缕暖阳，是学生起航时的一盏明灯……没有爱的教育不能称之为教育，但总是苦口婆心、喋喋不休，以为自己说这也是为他好，说那也是为他好，不论学生是否能接受，是否愿意接受，只是自己在那一厢情愿地依照自己的方式，给学生所谓的"爱"往往会事与愿违。所以，爱学生需要智慧。

我们需要用智慧的眼睛去发现学生的所需；需要用智慧的心灵去探究孩子的心理。让他们知道老师的爱，理解老师的爱，乃至接受老师的爱，自觉回应老师的爱，甘心报答老师的爱。这样，教育才会有效果，才会长久。

爱可以创造一切奇迹

刘玉霜

高尔基曾经说过："谁不爱孩子，孩子就不爱他，只有爱孩子的人，才能教育孩子。"热爱学生是教师的天职，他远比渊博的知识更重要。得到老师的关爱，是每个孩子的心愿，他鼓励、鞭策孩子，大大推动了学生的成长和进步。

"教育艺术的本质不在于传授本领，而在于唤醒、激励和鼓舞。"让孩子从赏识、夸奖中体验成功的快乐，激励孩子挖掘自身的潜力做出更好的表现，争取更大地成功，这是作为一名教师的最终目标。

赞赏在教育实践中起着激励作用，正如林肯所说："每个人都希望得到赞美。"的确，获得他人的肯定与赞美，是人生基本生活需求满足后精神上的高级需求，这种需求贯穿于人的整个生命过程。对学生的成功，应给予肯定、表扬与赞赏，并适当提出更高的需求。

小伊（化名）同学是我班的一名男生，可他总是板着脸，毫无生气。上课，总是趴在桌子上，若有所思；课间，独自一人坐在角落；放学后，又独来独往。在与其他科目老师交流后，我得知他几乎每天都是这样。但从他的眼神中，我分明窥探到了他的一丝丝期盼。经多方了解我才得知，他是一位留守儿童：父母常年外出打工，他由爷爷奶奶抚养。但爷爷奶奶对他百般溺爱，从来就是他说一不二，这一切让他养成了极度依赖的习惯。哪位老师或同学如果说他的不是，他就会马上跟你翻脸，以致在集体中缺少交流，缺少朋友，快乐对他来说只是一种奢望。

一天上课时，我发现他在看一本小说。经一番思考之后，我决定选择另一种方式去"揭穿"他。刚好有一道利用乘法解决生活中的实际问题的习题，我便点名让他回答，我原本以为这道题对他是有些难度，没想到他仰起头，眨了眨眼睛，嘴巴一张，答案便跟着出来，回答很是精彩。我被他的灵敏、聪慧惊呆了。顿时，全班自发地响起了一阵雷鸣般的掌声。这时，我看到了他脸上扬起一丝难得的笑意，我马上抓住时机，在全班同学面前表扬了他。

下课后，我仍然对课堂上的一幕念念不忘。我想：他能在那么短的时间内，将语言组织得那么精彩，这说明他很聪明；他如此认真地读那么厚的一本小说，这表明他很喜欢阅读，只是缺少一个人去正确引导。想到这，我决定去充当这个引路人。

于是，我找了一个合适的机会将他叫到我的办公室，告诉他："我特别想看你的那本小说，你看我的这些书，我都已经看了好几遍了，我们能不能交换着看？"他拿起我早已放在桌子上的几本书，翻阅起来。"当然可以！"他突然说。"但是我的书不许在校内看，只能星期天在家里看，更重要的是不能影响学习。""没问题！"他爽快地答应了。就这样，在这一借一还中，我发现他渐渐地变了，上课积极举手发言了，与同学和睦相处，成绩也提高了，特别是愿意与人交流了。看着他的点滴进步，我由衷地为他感到高兴。

其实，每一个孩子都是一块璞玉，作为老师，应该努力地去雕琢，使它永久地焕发光彩，而不是半途而废。热爱一个学生就等于塑造一个学生，而厌弃一个学生无异于毁坏一个学生。热爱学生，不仅要爱好学生，更要爱有缺点、有问题的落后学生。正因其差，因其问题多，才需要教师付出更多的时间、精力和爱心。

总之，要做好教师这份工作，首先必须发自内心地去热爱学生，认为跟他们在一块是一种快乐，一种享受；其次，从生活点滴中去关心他们，让他们感受到你的关爱与呵护；再次，我们在此基础上针对不同情况，具体实施正确有效的引导教育。

让我们的爱充满教育心智，让教育之爱闪耀智慧的光芒！相信在爱的教育下，必定会创造出一个又一个的奇迹！

编者按：老师爱孩子，孩子爱老师，就是这浓浓的爱，进而让孩子们爱上老师的课。

给孩子一双翅膀，让她乘风飞翔

胡会军

"爱是教育的基点，教师只有心中有爱，才能坚持理想、坚持信念、敢于淡泊。爱是教师最重要的法宝，师爱如水，它看似柔弱，却蕴藏着强大的教育力量。"静下心来，回想在云小教育教学中的点滴，曾几何时，也有些许小故事，让我装入行囊。

有句话不是说"要让学生喜欢上你的课，先让他喜欢上你这个人。"爱是相互的，让学生喜欢你，我们就要先喜欢学生。在平时，我会尽可能对学生说"我很喜欢你"。记得班上转来一名新生，数学的基础非常薄弱，很不喜欢前任数学老师。转来的第一次谈话，我是这样开场的"罗XX同学，我喜欢长得帅气的你，乐意为你辅导数学。你想学好数学吗？"孩子听完后，先是腼腆地笑了笑，然后又是点了点头。过了几天，他家长打电话给我，说他儿子回家告诉妈妈，数学老师很喜欢他，他想要学好数学。果然，他在数学课堂上开始收敛自己的坏毛病，积极地举手回答我的提问。偶有走神坚持不下之时，我会善意地提醒他，"你知道，我很喜欢你的哦！"他每次都会心领神会地点点头。爱，就是样能让你收获意外，这比苦口婆心地给他讲道理要见效得多。

虽然学生爱上了老师，爱上了老师的课，但家长的鼓励更能让他在学习上如虎添翼。我与部分潜能生的家长交流，家长一开始就强调"我孩子好像不是学数学的料子，她数学一直都学不好。"我会立马给他们建议，"其实你不要对自己的孩子没有信心，你对她缺乏信心，她自己就更加没有学习的勇气了。""您的孩子也能学好数学，只是她的基础比别人差，作为父母和老师的我们要相信她。"只要家长在孩子的学习中给予了她自信，我相信每个孩子在学习上都会倍加努力。我们不要一棍子打死，要能正视孩子的不足，但更应该要能看到她的进步。在孩子的进步中，大大地赞扬一番，给她一双翅膀，才能让孩子乘风飞翔。

诚然，教师更要有积极的心态，善于研究孩子的心理，努力走进孩子的心灵。只有教育充满了令孩子感动和难忘的东西，孩子的心灵才会敞开，他们创造的潜能才能得到激发。

找回天使

李小静

星期一返校，孩子们的情绪普遍显得亢奋，在数学课堂上上蹿下跳，像一群坐不住的猴子。我的反复强调没有任何效果，课堂却反而越来越热闹，强压下的怒火也忍不住冒出了头。

"一，二，三！"，我开始为我欲来的风雨倒数。这时教室倒是安静了下来，机灵的小鬼们或许是意识到他们老师的怒火也已到了爆发的边缘，迅速收敛了。我也收起了和他们大动干戈的计划，放下了粉笔，示意他们关上课本，我想或许此刻，我和孩子们更需要的是一场短暂的心灵交流。

"小朋友们，你们知道李老师第一次见到你们的时候，在你们的头顶上看到了什么吗？"

"不知道。"孩子们显然对这个话题很感兴趣，眼神里透露着兴奋的光芒。

"我看到了一个个闪亮的光环，当你们向我走来的时候，我觉得你们就是一个个天使，因为你们是那么的乖巧听话。"孩子们听完都笑了，脸上隐隐还有一点小自豪。

"但是！"我刻意停顿了下来，扫视了教室里的每一张面孔，孩子们的表情也随之变得凝重和不解，有几个心急的小朋友甚至迫不及待地追问道"但是怎么了呀？老师！"

"但是老师现在已经找不到你们的光环了，刚刚甚至还看到几个小

33

朋友的头上都长起了小角。"

"老师，我知道，头上长角的就是小恶魔，不是天使了！"我们班的小机灵瞬间反应过来。

"我不想成为恶魔！""我喜欢当天使！""我希望自己是小天使！"教室里面瞬时炸开了锅，孩子们议论纷纷，脸上还出现了焦急的表情。

这时，班长举起了小手，"老师，我们要把光环找回来，我们还要做认真听话的小天使！"听完班长的回答，班上的议论声渐渐消失，最终化为一片寂静，一个个腰板挺得直直的。我想我们班的小天使们已经在回来的路上了。

这一节课余下的时间过得很快，孩子们学习得格外认真，当我因为咳嗽而中断教学时，甚至还听到一个"小棉袄"在下面轻轻地说："我们要认真点，李老师都感冒了。"

我想那时他们肯定没有看到自己头上的光环，闪闪的，发着暖暖的光……

天使又回到了我的身边。

编者按： 发现孩子，孩子的善良和纯真会让他们光芒四射。理解孩子，先打开自己的这扇门，才有机会打开他的那扇窗

打开那扇窗

周 婷

时间如白驹过隙，一转眼三年过去了。往事的每个片段不时冲击着我的思绪，留给我许多感动的余味：孩子的改变、进步、成长。

犹记得刚入学时，班上有个孩子最令我头疼，那就是人称"小魔头"的小轩。提起他，所有任课老师脑海里浮现的就是那个整日邋里邋遢，上课就在桌子底下撕纸玩，下课就和同学发生口角、打斗的形象。我也曾经找过他父母商量对策，并且找他促膝长谈，可是仍不见起色。因此，同学们对待他的态度就像躲瘟疫似的，有多远就躲多远，而老师们对待他这样的孩子也是充满无奈，只好睁一只眼闭一只眼。本以为他无药可救了，可一次偶然的事件却让我对这个孩子大为改观，原来这个孩子内心深处是多么的善良，体贴啊！

记得那次我自己组装衣柜，一不小心就被衣柜门刮伤了眼睛，那一道鲜红的伤痕吸引了孩子们的注意力，纷纷凑上来问道："老师，你眼睛怎么受伤了？"这时，"小魔头"从人群中挤进来，他的声音似炸雷般。"老师，你眼睛刮伤了疼不疼呀，擦了药没有？"我微笑着说："一点小伤，没事。"他连连摆手："那不行，我们受伤生病的时候都是你给我们擦药，现在你受伤了，我也要给你擦药。"说着就往医务室跑去，拿来一盒药膏，给我擦拭起来。他的这种行为让我有一种说不出的感动，没想到平时调皮捣蛋的他内心竟是如此温暖，一想到这，我

鼻头一酸，感动和幸福的泪水就在眼里打转。

这件事我一直都放在心上，下决心一定要找个机会改变他在同学面前的形象。正好在一次语文课上，当我讲到"我相信我们每个同学身上都有闪光点"时，有个男生竟然脱口而出："老师，我身上有闪光点吗？"听到这声幼稚的发问，我心里感到一颤，循声而去，哦，原来是"小魔头"啊！这时他的眼神充满期盼，脸上露出疑惑。望着他一脸的纯真，我马上说："小轩，你身上怎么会没有闪亮之处呢？看到老师受伤了，你会心疼地帮我擦药，证明你是一个体贴懂得关心他人的孩子。"听到我对他的夸赞，他的眼睛里放射出异常喜悦的光芒。可是这样一来，不少学生马上举手反对，纷纷指责他不爱卫生，还经常打人，还列举了许多事例说明。但我依然为他据理力争："每个人都会犯错哦！尽管他做过一些令人反感的事，但只要诚心改过，我们就应该给他改过的机会。"学生们被我的话打动了，没有再站起来反驳了。这时的小轩低下了头，似乎在反思，似乎也在为以前所做的事感到惭愧。

下课后，我把他叫到办公室问道："你知道自己的问题出在哪儿吗？"他立马点点头，说："我不爱卫生，又总是跟同学打架，我就是控制不住自己，想改也不知道怎么改。"原来这孩子还是有一颗向上的心啊！既然如此，我想不如让他当卫生委员吧，希望利用这个官职能约束他的言行。新官上任三把火，这孩子转变还真大哩！从前总是衣服裤子脏兮兮的，抽屉乱糟糟的，现在竟变得爱干净了。有天中午我们排队去吃饭，刚到楼梯口，他看到了地面上的一张废纸，立马弯下腰捡起来扔进了垃圾桶，我当即就表扬了他，为他竖起来大拇指，其他的孩子也向他投来了赞许的目光。我知道"小魔头"的这顶帽子已经从他头上摘除了，从今以后他不再是令人生厌的孩子，成为了一个积极上进，文明讲理的孩子。这是一个多么令人欣喜的转变啊！

教师没有能力点燃火种，但绝不能熄灭火种！每个孩子都是天使，我们要珍惜，更要努力让每一个孩子的心中充满自信，让每一个孩子在宽容和赞美下快乐成长，为孩子打开那一扇窗。

我们

周亚琼

我和43班的孩子们朝夕相处了四年，总有许多难忘的故事沉淀在我们的记忆之中，温暖着我们的心灵。走进孩子们，注视着他们一言一行，总能被他们稚嫩的语言，朴实的行为所吸引。走进孩子们，不仅仅是课堂上感情的互动，往往课外与孩子们发生的故事，更能体现孩子们的真实，这时更能体会到儿童世界的直白与鲜活。与孩子们发生的故事有感动，有温暖，有收获，有反思，也有遗憾。正是在这一个个难忘的故事中，我们才靠得更近，我和他们共同成长，才对教育事业有了更深刻的理解。

包容也是一种教育

小茗是班上鼎鼎有名的大人物，刚接手43班总能听到孩子们说，小茗也是这样做的。他确实是一个聪明的孩子，接受能力和领悟能力都很强，组织能力也十分好，班上几乎所有的男孩子都愿意听他的安排。但同时他的自尊心也极强。他十分好动，上课时在座位上他一刻都不能停歇。不是转过头与他人说笑就是拿笔去戳别人一下，我对他的教育从和风细雨地讲道理升级至严厉地批评，他似乎都无动于衷。口里答应得好好的，转眼又是一样。

又是一节语文课，他依然把凳子翘得高高的，我走过去用眼神制止他，他马上放下来坐端正了。我一转身他又开始翘凳子，兴许凳子翘得过高，他一个趔趄，人往后一倒，人连着凳子一起摔到地上，我赶紧过去一把拉他起来，检查他看是否伤到哪里，问他是否磕到哪里，牵着他往医务室去。他的脸涨得通红，低声说："老师，我没事，不用去医务室。"他低着头，怯生生地等待着我的批评。我摸摸他的头说："下次注意点，继续上课吧。"他疑惑地望着我，我微微一笑。虽然没有受到意想当中的斥责与批评，但第二天，我发现孩子有了改变，他上课不再和同学嬉笑打闹，也不再摇凳子，比以前坐得端正多了。

我只是改变了看问题的角度和处理问题的方式，但我却明白：宽容和责难只有一步之遥，当孩子犯错误时，能以包容的心态来面对。老师的一举手，一投足，一个鼓励的眼神，一句鼓励的话就能拨动学生心中爱的心弦，让他们感受到老师的爱，让他们在主动纠错中感受到进步的快乐。成长的喜悦，而不是悔恨、压抑和无助。

玩也要玩出名堂

五年级时，班上的男孩子迷上了玩悠悠球，几乎人手一个，一到下课时间，孩子们就拿出来玩，同学之间还在比试着技巧。看着孩子们灵巧的双手，我打心底佩服孩子们的学习和模仿的能力。又是一个课间，孩子们都围在一团，我正好奇，他们看到我来，把手中的悠悠球一收都散开了。他们肯定有秘密，肯定有什么事情瞒着我。于是我计上心来，上课铃响了，孩子们都走进教室。我说："期中考试临近了，我们要抓紧时间复习好功课，悠悠球的活动我们先停一停。"哦，不！"我话刚一落，袁赵安就大声喊了出来。大家都笑了起来。"为什么不行？你说说？"大家的眼睛都投向他。他平时比较活泼，好玩，但是在课堂上又显得比较腼腆。这不，他站了起来始终一言不发。这时候一向嘴快的罗俊杰说："老师，他报了云小达人秀。"那正是学校举行第一届达人秀活动。"哦，我怎么不知道？""老师！"这时袁赵安说话了，"我看要期中考试了，我怕你不允许我们报，所以我准备先斩后奏！"大家这时都安静下来，以为我会开始批评他了。"既然报了，那你们一定给我玩出个名堂来!"话音一落，全班欢呼起来。从队形、动作、音乐都是他们一手操作。每天下课，几个参赛的孩子都聚在一起，商量动作，反复练习。看到如此认真的他们，我打心里为他们高兴。达人秀节目在圣诞节这天举行，音乐一响，孩子们一个个出场了，他们的高难度动作做得完美无瑕，一阵阵掌声在台下响起，他们的节目将整场晚会推上高潮。站在台下的我也和台下的孩子们一个劲地鼓掌，看到台上熠熠生辉的他们，我明白孩子们个性的彰显更能让他们找到自信。不出所料，孩子们拿了个第一回来。

孩子们除了学习，个性的发展同样很重要，从中他们更能找到自己的兴趣所在。同时，高年级孩子自己动手能力也十分强，我们老师要敢于放手让孩子自己去完成任务。

在这四年当中我们发生了许许多多的故事，有过汗水，有过泪水，最多的还是欢笑。在故事中我们共同成长，在故事中我们增进感情，我们的故事还在继续……

编者按： 学会放手，何尝不是一种聪明？

编织春天

杨 雪

聪明的人，今天做明天的事；懒惰的人，今天做昨天的事；糊涂的人，把昨天的事也推给明天。作为一名"孩子王"——班主任，我时刻注意为孩子们提供各种机会，引导孩子成为"做明天事"的聪明人，自觉参与班级各项活动。

按照惯例，晚餐前有半个小时的夕会课时间。每当这个时候，我都对孩子们进行德育教育。渐渐的我意识到孩子们已经到了三年级，是该多多历练，锻炼胆量和培养组织能力的时候了。于是我一改过去班主任权威总结发言的教育模式，让孩子们自主上台发言，总结一天的学习生活情况。我记得很清楚，当我第一次在夕会课上说："孩子们，从今天开始，我们的夕会课将由你们自己发言。老师将坐在发言同学的位置上一起来学习，好不好？"我的话，无疑像一枚重磅炸弹，教室里顿时炸开了锅。有质疑的："怎么可能？那我们岂不成了老师了呀？"有觉得新奇的："呵呵，有意思，好玩！"有大胆的学生甚至大喊："老师你又要使诈了！"作为孩子，他们"童言无忌"。一秒、两秒、三秒……时间飞逝，我等着有人主动上台发言。教室里渐渐安静了，我的眼睛四处扫射寻找目标。终于，我看到了我们班最调皮可爱的小魏同学举起手来了。我雀跃地往他的位置赶过去，示意他上台，可他很为难地轻声说："老师，我要上厕所啦！"我当没听见，赶忙说"掌声在哪里？欢迎我们的魏主任给大家总结发言。"掌声响起来了，我顺势对他说"讲完了，去厕所！""哦！得令！"他赶紧往台上钻，我也踏实地坐在了他的位置上。"嗯……说什么好呢?""哦,我觉得吧,我们班有些同学总喜欢上课的时候上厕所,耽误学习,我建议下课时间大家不能光顾着玩,应该先去厕所。因为我今天卫生值日,之前没时间上厕所,情有可原。嗯,我现在要上厕所去了。谢谢,发言结束。""魏主任"给了我一个祈求的眼神就朝着厕所飞奔而去了。我不由自主地鼓起掌来了:"小魏虽然发言简短,但说到了点子上,希望我们一起努力改进!""好!"……有了"魏主任"的良好开端,接下来就顺理成章有人踊跃发言了。

时至今日,发言的孩子都开始提前写发言稿了。"随风潜入夜,润物细无声。"我渐渐地发现孩子们的陋习越来越少,孩子们都积极主动地参与到班级的每一项活动中,成为名副其实的聪明人。孩子,等候的春天属于自然,亲手编织的春天才属于自己。加油!

编者按：将"事故"变成"故事"，将"插曲"变成"主旋律"，王老师的课堂把握能力可真的不一般哦！

"美妙"的"插曲"

王 鑫

有时教育光靠一颗爱心是不够的，还需些许智慧。只要我们善于观察、抓住教育契机，一定会收获意想不到的精彩。

小学生，因为小而稚气，他们顽皮好动、自控力差、个性张扬，因此，课堂上少不了各式各样的小插曲，尤其在活动性很强的英语课上，"插曲"更是此起彼伏。如果把英语课堂比作一列飞速疾驰的列车，那么在行进过程中大大小小、形形色色"意外事故"的插曲，那可谓数不胜数。不知你是否有过这样的经历：当你得意洋洋地揣摩着自己的课堂构思走进教室，却被教室突发的一切打乱了你课前精心的设计；当师生正沉浸在理想的教学活动中时，却有学生"节外生枝"，让你措手不及；但有时当你被课堂中的"亮点"所吸引，不知不觉进入学生色彩斑斓的思维世界，却收获了意外的精彩；而这些突发的意外和亮点正是我们课堂教学中不断生成的宝贵资源。

记得有这样一节英语课，内容是进行方位介词的交流学习，"Miss Wang, Harry is sitting on the desk."我扭头一看，果真我们的调皮大王正坐在课桌上朝我不好意思地笑。尽管他平时上课顽皮，却机灵可爱、发言积极，我很喜欢他，但这次他可太过分了。我顿时心中怒火升起，正欲发作。忽想如果这样的话，这节课不但因他的恶作剧，而导致大家都没了心情，那课堂质量肯定也会降低。于是我控制自己的情绪，"Boys and girls, close your eyes, please. Come here,

Harry." 我将他藏在了教室的门后，"Open your eyes，please. Where is Harry now?""在门后！"大家异口同声。"Yes，he is behind the door."接着我又用此游戏引出了 "under the teacher's desk，in front of the TV，near the bookshelf，between and inside the classroom"。我在家里听 "口语100" 里还有一个 "Look! There is a fan over my head." Harry 边说边指，得意地展示着他的才华，大家都会心地笑了。在他的"帮助"下，我成功适时对教学内容作了调整。如果我强制粗暴地批评，必然造成学生心灵的封闭、甚至有可能"破罐子破摔"扰乱课堂纪律，更无法生成这么好的资源。

如果作为教师能用我们的教育智慧去唤醒和点燃学生这样的生成智慧，那么我们的英语课堂必将会因此而熠熠生辉。记得一本书上这样写道"轻松而又融洽的课堂就像一个训练有素的合唱团，能唱出和谐而美妙的歌声。"听！课堂里传出了优美的歌声，这是你的合唱团在唱歌吗？

编者按：**编者按：**"代理班主任"怎么当？好当吗？学生会听话吗？这个，你得问问阳老师，他给54班当"代理班主任"来了。

故事一则

阳华禹

算算时间，我与54班的孩子们相处已有两个月了，孩子们各自的性格特征我也了解得差不多了。这天，被告知师傅鲁主任需要出差四天，我有幸成为了54班的"代理班主任"。说实话，听到这个消息，还真有点儿惴惴不安。

果不其然，走马上任的第一天，我就遇到了困难。当班主任外出时，许多班级都会出现"山中无老虎，猴子称霸王"的现象。54班也不例外，虽然我做好了十足的心理准备，但当学生吵闹起来，我仍然有些手足无措。幸好科学老师及时出手相助，帮我暂且稳定了局面。我静下心来后便开始思考如何改变这一局面呢？思前想后，我决定从其中一个同学入手。

小杰——之所以选择他，是因为我发现这个孩子平时做事挺"有板有眼"的。上课不说非常认真，但他的表现相较于其他几位"顽固分子"来说，要好太多了。但是在我上任的第一天，他的表现那是让我最诧异的一个，不仅不认真，反而经常发出怪声，敲打桌椅，这些在平时都是极少发生的事情。

我将他带到办公室，落座以后便开门见山地问他："小杰，你是不是讨厌阳老师？"

他似乎有点诧异，但摇了摇头。

"那为什么今天上课要那样子怪叫、敲打桌椅？"

他不好意思地笑了笑，弱弱地回答了一句："好玩。"

"好玩就要在上课做这些事情吗？你觉得阳老师不是你正式的班主任，拿你没办法，所以你才做这些事情，对吗？"

他瞪大了眼睛，继而又垂了下去，双手不安地绞着。我也没催他，只是盯着他。过了好一阵，他轻轻地"嗯"了一声。

"说大点声，男子汉大丈夫，怎么只有这么一点点声音呢？"

"是的。"

其实他这种心理，我能理解。在我读小学的时候一样，我最喜欢的老师被调走了，换来了新老师，心里极其排斥，甚至还做过一些比他现在的这些举动还要过分的事情。于是我将我的经历告诉小杰，并告诉他："老师现在想想以前的行为，真的是觉得非常幼稚，新来的老师上课一样棒，对我们也一样非常关心，相处久了，到了毕业，我们也一样舍不得离开他。你的这些行为老师都能理解，但我并不赞同，也不能容忍。"他听了我的话，点了点头。

我看他似乎明白了，于是想进一步地激发他的正义感、责任感："老师观察到，平时的你上课都很认真，工作也十分负责，还记得鲁老师出差前交给你的任务吗？"

听到老师还交给了他任务，他有点茫然。

"他不是特地有交代你要好好地管理路队纪律吗？"

"嗯，是的。"他恍然大悟。

"你有没有想过，三个路队长，他为什么要特地嘱咐你呢？"

"不知道。"

"那是因为你平时工作认真负责，让老师觉得，你能担当好这份工作。"

他听到这里，不好意思地笑了笑。

"你觉得是这样的吗？"

他越发不好意思了，低下了头。

"那你说说，现在的你，有好好地去完成他的嘱咐吗？以后你又该怎么做?"

听到此,他仿佛陷入了沉思中。过了一会儿,他坚定地说道:"老师,我上课再也不乱叫、乱敲了,好好听课,用心管理好路队纪律。"

听到了他的保证,我满意地笑了:"那希望你能说到做到,不要让老师失望。"

他用力地点了点头,我知道,用不了多久,他就能让我看到他的改变。

果不其然,当天的英语诵读时间和夕会课上,他全程保持着端正的坐姿,大声朗读课文,与上午的那个小杰相比,简直是判若两人。在路队管理过程中,他也尽职尽责,不再像以前那样,边管边玩了。在后来的几天里,他上课也认真了,虽然偶尔会有走神、讲小话的现象,但只需要我一个眼神的提示,他便能立马端正坐姿,认真听讲。

从小杰的身上,我看到了一个孩子本性善良、纯真的一面。虽然在成长的道路上,偶尔会迷惘,但作为老师的我们,有义务、有责任告诉他们路在何方。只要我们秉持宽容、理解的原则,相信孩子们总有一天会理解的。每个人在成长的路上都会遇到一些关卡,只要陪着孩子共同度过这一道道关卡,若干年后再回首,必将一路花香。

编者按：当被朋友伤害时，要写在易忘的地方，风会负责抹去它；当被朋友帮助时，我们要把它刻在心里的深处，那里任何风都不能抹灭它。这则故事，你听过吗？

小故事，大魅力

朱冰洁

都说随着年龄的增长，不管是哪个阶段的人都会有所得到有所失去，在我们班的这帮孩子们身上同样如此。进入五年级的他们少了一份稚嫩，多了一些懂事；少了些天真，多了份成熟。而这些变化，在日常的学习生活中也变得明显起来……

办公室不再像之前那样门庭若市，可也经常会有男生女生红着眼睛跑过来请我主持公道。这不，今天中午，我吃完饭刚回到办公室，阳光和楠两个孩子气冲冲地跑过来，楠一见到我眼泪就"唰"地掉下来，脸涨得通红。

阳光大声叫嚷着："朱老师，她打我，还画我的本子！"

楠不服气："明明你先打我的，谁让你乱动我东西！"

……

我并不出声，从他们这一通相互指责中，我也大致清楚了事情的经过：阳光和楠是同桌，写作业时楠不小心碰到了阳光，于是阳光就"回敬"了楠，两个人就吵起来了。唉！我已经记不清男生女生像这样因为一点小事发生争执有多少次了。安抚完这两个孩子，我不由得沉思起来，现在正是处在四年级这个性格转化期，男生变得好面子，女生有些爱计较，谁也不让谁，该找个什么法子减少这类事情的发生呢？

第二天的夕会课上，我给同学们讲了这样一个故事：有两个朋友在沙漠中旅行，在旅途中的某处他们吵架了，一个还给了另外一个一记耳光。被打的觉得受辱，一言不语，在沙子上写下："今天我的好朋友打了我一掌。"他们继续往前走，直到到了沃野，他们便决定停下。不幸的是被打巴掌的那位落入河中差点淹死，幸好被朋友救起来了。被救起后，他拿了一把小剑在石头上刻了："今天我的好朋友救了我一命。"一旁好奇的朋友问说："为什么我打了你以后，你要写在沙子上，而现在要刻在石头上呢？"另一个笑笑地回答说："当被一个朋友伤害时，要写在易忘的地方，风会负责抹去它；相反的如果被帮助，我们要把它刻在心里的深处，那里任何风都不能抹灭它。朋友的相处，伤害往往是无心的，帮助却是真心的。忘记那些无心的伤害，铭记那些对你真心帮助，你会发现这世上你有很多真心的朋友。"

同学们听得很认真，一副若有所思的样子。阳光和楠不约而同地低下了头，看来效果达到了。我继续说到：在日常生活中，就算最要好的朋友也会有摩擦，我们也许会因这些而争吵、生气，但是朱老师想要提醒你们，你们同属于49班，不光是同学朋友，更是家人，在平常的相处中请多些包容和理解，遇到矛盾好好沟通，我希望大家都能更珍惜你的朋友。

话音刚落，好几个同学都举起手"朱老师，我以后不会再因为一点小事动手了""他是不小心的，我不该骂他""下次遇到矛盾，我不会再冲动了"……

看着这样一张张可爱的笑脸，我也禁不住笑了。

编者按：愚者错失机会，智者善抓住机会，鲁老师更善于为成功者创造机会。

教育如影随形

鲁孟君

一日，学校少先队发出学雷锋号召，要求每班选出一名代表参加学校的学雷锋"手拉手"活动。听到这个消息后，同学们都很兴奋，很多同学都想参加这个外出活动的机会。这就为难了作为班主任的我，手心手背都是肉，选谁去呢？平时没少跟孩子们熏陶："机会总是留给那些有准备、主动争取的人，胆子大一点，脸皮厚一点，成功的机会就大一点。"孩子们听后也大多是哄然一笑。这次，我又故伎重演："这次的手拉手活动，老师知道很多同学有想法，这要提出表扬。但老师还是那句话，名额只有一个，机会只留给那些有准备、主动争取的人！当然，如果谁能有幸被选中，参加完活动之后，要在班级给同学们做活动分享。"之后，我就静观孩子们的反应。

听到要做活动分享后，有的同学就打起了"退堂鼓"。但仍然有许多同学向我提出了申请，其中有两个同学还向我提出来书面申请。火候差不多了，我就在班上宣布："所有向老师提出活动申请的同学，都要提出表扬。尤其是唐同学和李同学还提交了书面申请，准备最为充分，所以最终参加活动的同学在这两人中产生，两同学先上台发表活动竞选演说，再发扬民主精神，举手投票产生最终人选。"孩子们一致同意。俩孩子竞选演说完了之后，为了照顾两个竞选人的"面子"，我安排他俩趴在桌上不看，同学们自己做主，安静举手投票，最终李同学已微弱优势胜出。当结果公布之后，唐同学趴在桌上暗自抽泣，李同学暖心地递去纸巾。

此时，作为班主任的我，做了一番总结："孩子们，刚刚两个孩子的票数相差不大，说明两人不相上下，旗鼓相当，在大家的心里，都是非常优秀的同学。但是，有竞争，就会有输赢，胜出者确实可喜可贺，所以要祝贺李同学，更要表扬李同学刚刚那关心同学的暖心举动。落选者（也可以说是失败者）也要坦然面对，我们要做生活的强者，以饱满的信心迎接下一次的挑战。因为，我们每个人的人生都会面临很多的机会，也会面对很多的竞争。有竞争就会有输赢，我们要做到胜不骄、败不馁。老师还是那句话，机会和胜利永远属于有准备、主动争取、全力以赴的人。"这番话是说给全班同学听的，更是说给唐同学听的，说完我就直接宣布下课了，让孩子们自己去消化。

事后，我发现唐同学很快又和同学们融合在一起了，失落的情绪短暂即逝。李同学因为机会来之不易，参加活动积极认真，回来也给同学们做了很好的分享。

是呀！班主任的思想教育工作无处不在，如影随形。要让孩子们自立自强，成人成才。为师者不可错过任何一次育人机会，当认真用心为之。

编者按：从牵手到放手，老师和学生从陌生到熟悉。学会放手，何尝又不是一场新的追随与体验。

"放手"的惊喜

罗晓佳

在我的电脑里，有这样一个磁盘，我将它命名为"我的五十八"，里面存放的是2013年下学期至今的所有关于五十八班的资料。得闲的时候，我总是喜欢一个文件夹一个文件夹地去点开，翻看着孩子们从一年级至今的一张张照片，就这么直观地感受着他们的成长。我想，这也是一种为师之乐！

三年了，跟这帮叽叽喳喳的小家伙们朝夕相处，总记得刚入学时他们抱着我的大腿喊妈妈的情景。殊不知，为师那时候还没有结婚呀！但是这就是他们对我的一种依赖，依恋，如母亲般眷恋！渐渐地他们开始适应了学校的生活，开始学会自己的事情自己处理。但是，却变成了我对他们的各种不放心。担心他们上课不好好听讲，担心他们就餐不好好吃饭，担心他们就寝不好好睡觉……于是，无论上什么课我都喜欢去教室后面偷偷看看，吃饭的时候总是在一旁守着，送到寝室后还得千叮咛万嘱咐……很多时候，真的会觉得疲惫。

三年了，我想也是该慢慢放手的时候了。于是，本学期开学第二天，我便开展班干部竞选，用最快的速度，先把班委会成立好了。在民主选举中，十多个一直以来表现优异的孩子脱颖而出。紧接着，马上召开班干部会议，将各自的任务分配好。似乎这是每个学期都进行的常规，只是在这次班干部会后，我给了孩子们足够的空间，让他们各自在自己的管辖领域里制定相应的措施。对于他们的决定我不过分干预，无论是奖励制度还是惩罚制度，都由他们自己制定，而我来配合他们。有了这样的允诺，孩子们如鱼得水，管理起班级来有模有样。每天的晨跑、两操，体育委员组织的有条不紊；早自习老师还没有进教室，学习委员就安排好了课代表进行带读；路队由路队长组织，排得整整齐齐；无论是课堂还是课间纪律，纪律委员要求比我还严格；就餐、就寝时，生活委员又行使起了自己的职责；夕会课前，班长会在各个班干部那里收集好一天的情况进行整理，然后总结。我似乎成了一个旁观者，而我更乐意当这样一个旁观者，我想这不仅仅是出于对他们的一种信任，更是对他们能力的一种锻炼。

"放手"之后，孩子们带给了我无数的惊喜，我想这仅仅只是一个开始，因为我的花儿们正在怒放！

第三章 交心——交换角色

　　我们曾在阳光下静静阅读，我们曾在草地上促膝长谈，我们曾在教室里会心一笑……我们的相逢就是最美丽的邂逅。让那些属于我们的共同记忆，成为一条恬静轻柔的长河，缓缓送我们前行，伴我们成长。

编者按： 智慧的老师，用不同的教学方式给了孩子们不同的感受，自己也收获了惊喜。

换一种方式，教学同样精彩

陈 惠

作为一名一线语文教师兼班主任，每天被具体的教学工作和琐碎的事情包围着。下了班，只想休息，让烦躁和劳累蒸发掉。久而久之，对教学不再潜心钻研，甚至有些敷衍应对，工作渐渐变成了"一潭死水"。我意识到：如果再不改变自己，日子会越来越难熬。于是，我重拾教学专著，这种读书的感觉就如久旱逢甘露一般，我浮躁的心找回了久违的平静。忙碌的大脑也有了思考的空间，同行们对教育的热忱也感染了我，我似乎又找到了当初教书那种意气风发的感觉。一改往日的倦怠，我潜心钻研课堂，不为别的，只为课堂上看到学生的笑脸，只为找到上完课后自我良好的感觉。

我在学习中实践，在摸索中前行，学生们带给了我无限惊喜。

课堂辩论

记得学习《猴王出世》这篇课文时，品读句子："他瞑目蹲身，将身一纵，径跳入瀑布泉中。"一个男生举手："我从'瞑目'一词感受到了石猴跳水帘洞时当时很害怕。"我刚想表扬这个男孩读书善于思考，另一个女生举手了："不对不对！课文中这句话出现了三次，如果说石猴第一次跳有点害怕，那么第二次，第三次还害怕吗？"言之有理，不过备课时我完全没考虑过这个问题，孩子们开始悄悄议论了。于是我机智地把问题抛给了学生："到底该如何理解'瞑目蹲身'？请四人学习小组讨论讨论。"哇！仿佛集聚了无限力量，教室里炸开了锅，孩子们讨论得异常激烈。全班交流时，孩子们举手那是空前的积极，都想在第一时间发言，生怕自己的想法被别人抢先说了。看到这一幕，我满心的欢喜，孩子们的答案更令我惊喜：

"我认为'瞑目蹲身'是石猴在积蓄力量，就像我们体育课上的立定跳远一样，跳之前半蹲着甩臂，为起跳做准备。"

"我认为'瞑目蹲身'第一次可以理解为石猴心理害怕，因为瀑布悬挂那么高，水流那么急，跳进去不知道里面什么情况，怎叫人不害怕呢？第二次、第三次'瞑目蹲身'我认为是石猴习惯了这个动作。"

"我反对，我认为石猴闭着眼睛跳是因为水太大了，他怕水进眼睛，我们游泳的时候潜入水里不戴眼镜也是闭着眼睛的。"

……

"孩子们，把掌声送给精彩的自己！"我带头鼓掌。如此激烈的辩论场面，怎能不让我点赞呢？

另类批评

以前当学生出现不应出现的错误时，我恨得牙痒痒，一通批评一通骂，不仅彼此难受，而且收效甚微。现在我基本采用调侃的方式来对待，让学生在轻松愉快的氛围中认识错误，接受批评。

一次，我们进行古诗默写："白毛浮绿水，_____。"（《咏鹅》）带着同学们五彩纷呈的答案（答案1：白掌拨清波；答案2：红掌波清波；答案3：红掌拨清波；答案4：红掌拨青波……），我走进了课堂。

我故作神秘地说："告诉大家一个特大新闻，从现在开始，鹅掌都变成白色的啦！"同学们哄堂大笑，嘴快的学生嚷着："不可能，鹅掌是红色的。""红色的呀！可明明有个同学默写古诗时写着'白掌拨清波'啊！"同学们恍然大悟，知道我在指出他们诗歌默写的错误，默错的这个同学感到又羞愧又好笑。我顺势而导："还有同学告诉我这样默写'红掌波清波'。"一阵大笑过后，我故意皱着眉说："你们不能光笑耶，谁告诉我对不对？为什么？"马上有人自告奋勇，在黑板上写下正确的"红掌拨清波"，并大声告诉同学们这句诗的意思。"默错的同学还等什么呢，还鹅一个清白吧！"笑声中同学们提笔更正着……

扮演学生

班主任兼语文教师的我，无时无刻不为孩子们操心。进入六年级，当我看到有的学生语文成绩优异，数学跟不上时，我焦虑、着急，苦口婆心地强调偏科的后果。实际情况是：皇帝不急急太监。一个偶然的事件启发了我。读三年级的女儿一次问我一道数学拓展题，我看了一番，做了一通，无果。怎么办？我想到了我们班的学生。于是我在班上向孩子们求助："今天我女儿问我一道数学题，可惜我不会，谁能帮帮我吗？"同学们极度热情："陈老师，你把题目写到黑板上，我们来做。"课余时间，相当一部分同学认真思考，积极讨论。很快，一个男孩子找到我，激动地说："陈老师，我做出来了，我给你讲解。"他说得条理清晰，我一下子听懂了，惊诧的同时一个念头浮上心头。课余，我时常有事没事找数学偏科的同学问题目，问的都是他们学过的，有时他们能随问随答，我真诚地对他们说："谢谢！"有时他们支支吾吾，碰到这样的情况，我总是和蔼地说："没关系，你先去和同学讨论一下，再来教我。"他们很快就向同学讨教去了。为了表达我的谢意，时不时我会买点奖品奖励他们。不知不觉中，同学们学数学的兴趣更浓了，经常有同学主动问我："陈老师，要我教你做题目吗？"

换一种角色，由老师变为学生，在学生面前适当示弱，不仅会激发小孩子藏在心里的那份善良、热情，而且会激发他的责任感。这何尝不是一种教学的好方法呢？

教学有法，但无定法。作为一线教师，当我们的课堂对学生失去吸引力，当我们的教学效果事倍功半时，我们就应该反思，应该创新，应该摸索新的教学方法了。"山重水复疑无路，柳暗花明又一村"，其实只要我们换一种方式，教学同样精彩！

讲台，让孩子演绎精彩

徐 婕

周末返校后，孩子们簇拥在讲台上，你一言我一语地议论着，手不停地在黑板上飞舞着："美好时光"、"有滋有味"、"千里之行始于足下"、"从'心'开始"、"让快乐张开翅膀，看梦想瞬间绽放"……咱班到底在干啥？对了，孩子们正在为晚上的"产品推销会"精心布置着……

假期前刚好学完第三单元，口语交际的内容是"我是小小推销员"。索性返校后开个"产品推销会"，给他们舞台来展示自己。趁这次假期，我让孩子们每人准备一个小小的商品，准备十元……孩子们兴奋不已。

"叮，叮，叮！"清脆悦耳的铃声响起了。孩子们个个正襟危坐，一双双纯真的眼睛满怀期待地望着我，看得我的心"咯噔咯噔"地要跳出来似的。因为我知道，我再不开口，他们这群热锅上的蚂蚁定能一跃而上，向我扑来……

"孩子们，今晚，云小产品展销会盛大开业，预祝你们能够成功推销出自己的商品，也能买到自己心仪的物品！"我的话音一落，本想会有很多孩子争先恐后上台，没想到教室里却是鸦雀无声……谁会有幸成为第一个推销员呢？我的眼神一遍又一遍地扫视着这群羞涩的孩子们。大伙儿你看着我，我看着你，都不敢做第一人。突然一个高大的身影向讲台上扑去，一不小心撞到了课桌。谁呢？咱班"肖大侠"！

"果然有大侠风范!"孩子们叫嚷着。

"此处应该有掌声!"我带头鼓掌，孩子们随声附和。"肖大侠"在台上定了几秒，突然来了个会心的微笑，顿时紧张的气氛缓和了不少，他推销的是孩子们最喜欢的《查理九世》。简单介绍了书的内容后，他就开卖了："10元一本，有需要的吗?""能不能便宜些?""九元! 不能再少了!""好的，成交!"此时的我拿出相机，赶紧记录下这激动人心的时刻。"恭喜你，成功推销出自己的物品!"我向他竖起大拇指。他激动得小跑到自己的座位上，害羞地把脸蛋埋到了课桌内……

"啪，啪，啪!"掌声又响了起来。等我回头，天淼同学已经站在了讲台上。没等我开口，他已经迫不及待地推销起自己的商品来。"我给大家带来的是一辆小型赛车，别看它身板小，可它的速度惊人……"他在台上眉飞色舞地描述着他的商品，孩子们听得极其专注，这可是咱班的"演说家"啊! 重点不只是口才，更惊人的是他那经济头脑，"我卖出这辆赛车有两种方案：一是单买，7元；二是8元出售，另附借书一本。"这一说，把其他孩子忽悠得一愣一愣的。一个孩子毫不犹豫地用8元买了这辆赛车，另外获得了借阅一本课文书籍的机会……

整个晚上，教室里笑声不断，掌声不断……站在旁边的我看到一张张稚嫩的笑脸，心里不禁泛起了涟漪：有什么比这个更宝贵，孩子的童年快乐是最重要的。能在快乐中学习，这不是我们所期望的吗?平时，我们何不把讲台多多交给学生，让他们来演绎自己的精彩呢!

换来的惊喜

谢 姣

每次检查练习本，总会有那么几个孩子的作业让我很头疼，字迹潦草、正确率还不高。尽管每次写练习时我总是千叮万嘱，"认真点，再认真点！"可是收上来的练习依然如此，课后谈心也收效甚微。

"怎么办？随它去吗？真的不可教吗？"不行，当他一天老师，我就必须对他负责，有什么好办法能改变这些孩子写练习的态度？我反复地琢磨着……突然，灵光乍现，不如，让学生交换着写作业吧！

说干就干，晚自习来到教室。"同学们，今天的练习我们换种形式写，全部都交换写，写得优秀的予以奖励。"听到我的想法，全班一片哗然。"老师，小涛的字写得那么差，我不放心！""老师，我怎么知道我的练习本是谁写的，又没有名字！"一个个孩子的脸上都露出了担心的神情。我示意全班安静，"大家不要担心，我相信今天每一位同学都会认真地对待这次练习，而且会比前面的任何一次都要做得优秀，现在请同学拿着自己手中的练习本，在本次练习的下面写上自己的名字，写好后，就可以开始啦！"

孩子们边写我边巡视，其实，孩子的担忧我也有，因为是第一次，不知道会是什么结果。只见一开始还有个别孩子不放心地朝拿了他的本子人瞅，还有孩子小声地念叨："我尽我最大的能力写，他应该会满意吧！""我不能算错了，不然太丢脸了！"渐渐地，学生不再东张西望，完全投入到了练习中，偶尔还有几个孩子挺一挺身子，欣赏一下自己的杰作或小声问问同桌"你看，这个字行吗?""你帮我看看这道题写对了吗?"

作业本交上来了，我一边批改一边欣赏，可以说这次的练习比以前的任何一次都要整洁清楚，错误基本没有。兴奋的我还特意拿了几个练习本去让班主任猜猜这是谁的字。班主任连连摇头:"这绝对不是我们班学生的。"看了练习者的名字，班主任感叹:"天啦! 这是他的字，他可以写得这么好，我要拍下来发给他家长看，下次我也用这个方法写练习。" 可见这次换练习写作业的实验是非常成功的。

看来，每个孩子都爱听鼓励的话，每个孩子都存在着被别人认同的心理，交换写练习，就是为了改变孩子的学习态度，因为在练习中孩子必须对同学的练习负责，同时也希望同学对自己的练习负责，"态度决定高度!"我想，孩子们在这次练习之后会有更深的理解吧!

对于学习，孩子是不是有兴趣，还在于老师愿不愿意多花心思。我想只要肯动脑，敢于尝试，你的学生绝对会喜欢上你的课，喜欢上这个老师，这也是做教师的一种魅力吧!

编者按：成为"老顽童"，让自己永葆童真，让孩子童年绚丽。一举两得，为师者何乐而不为呢？

不妨做个"老顽童"

陈颖玉

虽已秋末冬初，可好似还在梅雨季节，雨淅淅沥沥地下个不停，到处都是湿漉漉的。好不容易等到云开雾散，终于可以带着这帮小子下去活动活动了。

霎时间，操场上人声鼎沸，挥舞的跳绳，闪动的身影，搅得我眼花缭乱。看着他们快乐的笑脸，我也不禁玩性大起，从一男生手中拿过绳子甩动起来，轻巧的身姿吸引了孩子们的注意，围观的人越来越多。这时，一个胆大的男生钻进了我的跳绳中，虽是初次配合，但也相当默契，连续跳了十几下，令其他的孩子羡慕不已。一局结束，又有一名孩子想要钻进来。我也用眼神示意着他，他心领神会，双脚使劲往前一跳。谁知我的绳子突然转向另外一边，让他扑了个空。旁边观看的同学哈哈大笑，原来我跟他开了一个小小的玩笑，逗了他一把，他哭笑不得，大呼道："陈老师，你耍我！"

为了弥补他心灵的"创伤"，我一本正经地带着他玩起了双人跳，开始节奏很慢，然后慢慢加快了节奏，他似乎有点费力，还把眼睛闭上了。我不禁又萌生了一个念头，突然停下站着不动了，而他全然不知，还是按照原来的节奏连续跳了三下才停止。滑稽的样子又惹来笑声一片，我也忍不住哈哈大笑。只听一个女生大声地说："陈老师怎么跟个老顽童似的！""谁说陈老师'老'呀！"我大声抗议，吓得她连忙改口："不，是小顽童！"

跟孩子们开开玩笑，逗逗他们，是我喜欢做的一件事情。喜欢看到他们对于我的耍赖无言以对的挫败感，喜欢明明对他们说着"离我远点，看着你烦躁。"还仍然紧紧跟着的那份亲近感。那天做完课间操上来，和高个子胡展嘉并排走着。这时，一个孩子对我说："陈老师，胡展嘉比你高了。"我一把拉过胡展嘉，把他的头按在肩上："谁说胡展嘉比我高？到底有没有眼光？你看！矮了一大截！""陈老师，你好痞哦！"听着孩子无奈的回答，我不禁暗笑："小样，对付你们还不是小菜一碟！"

生活在校园里，每天看着孩子们天真无邪的笑脸，听着他们幼稚单纯的话语，仿佛自己也回到了童年。将烦恼稀释，让快乐沉淀，心也变得纯净起来。把学生当成自己的儿女，你会毫无原则地包容他们的过错，尽情享受着天伦之乐；把学生当成少不更事的孩童，你会觉得他们就像天使一样可爱，即使调皮也全都在你的掌控之中。

还记得曾经的班上有一个以"泼辣"著称的女孩，伶牙俐齿，所向披靡，谁与她对上了准会一败涂地。有人向我暗地里透露，说她在班上做起了小本生意，据说还有几十块钱的盈利。这还了得，长此以往，"班将不班"了。于是，我专门利用一节课在班上公开审判，历数她的"罪状"，然后要同学们评议是非对错，利用舆论压力将她"绳之以法"。成了众矢之的的她面子上一时挂不住，更加激起了泼辣劲。她一边哭泣，一边狡辩。我站在讲台边默不作声，静静地关注着事态的发展。孩子们琢磨不透，双方仍在对垒。女孩的哭声更大了，场面一度僵持。这时，坐在前排的一个男孩子突然转过身去，将手一举，大声喊道："让我代表月亮消灭你！"看着他振臂疾呼的样子，全班哄堂大笑，我也忍不住笑了："看来，不用再争了，你的行为人神共愤，月亮都派天神来收你了。"女孩也破涕为笑，尴尬就此化解。然后我再跟她讲道理，便再无反驳。其实她又何尝不知道自己的过错呢，只是不愿承认罢了！如果在那样剑拔弩张的情况下将她的气焰打压下去，只怕会适得其反。换一种轻松愉快的氛围讲道理，会让她听上去更舒服，更容易接受。

文武之道，一张一弛。幽默的调侃，轻松的互动，会让紧张的学习和工作得以暂时的轻松和愉悦。寄宿制学校的老师扮演着多重角色，如果时刻摆出一副师道尊严的样子，如果害怕距离过近让孩子对你无所顾忌，那便只能让孩子远观于你，从而失去了亲近和信赖。该严肃则严肃，该放松则放松，只要做到张弛有度，你便能轻而易举地抓住学生的心了。如果我的轻松幽默能够博取孩子们会心的一笑，能够让孩子的童年生活增添更多绚丽的色彩，做个"老顽童"又何妨呢？

第四章 开心——幸福的瞬间

　　幸福是什么？有位哲人这样解释，"幸福与财富无关，与内心相连"。每个人对幸福的理解和追求是不一样的，关键在于你的生活态度。对于老师来说，幸福其实很简单，幸福是用辛勤汗水浇**灌成花朵**之后的欣慰，幸福是从事天下**最美事业**的骄傲。

编者按： 与孩子们相处，总能让人感受到甜甜的幸福。幸福来得如此简单，就是一花一世界，一叶一菩提。

幸福如此简单

伍 婧

许多人都知道手掌心上有三条线，我们时常会抱着一颗好奇的心去请求所谓的"高人"指点自己的命运，然而却甚少这样思考：幸福其实掌握在自己的手中。我们生活着，常常喜欢预测占卜未来，于是经常把身边的幸福美景丢失。正如毕淑敏在《提醒幸福》中写道："在皓月当空的良宵，提醒会走过来对你说注意风暴。于是我们忽略了皓洁的月光，急急忙忙地做好风暴来临的一切准备。在许多夜晚，风暴始终没有来临。我们却辜负了冰冷如银的月光。"如果人能够未卜先知，能够逢凶化吉，这样的人世就少了丘壑深谷之绝美。就没有了柳暗花明之后豁然开朗的境界，也没有无心插柳柳成荫的欣喜，更没有了阳光总在风雨后的刻骨幸福。

"所谓的幸福，全由小小的细节积累而来。"这句话说得好。其实，幸福如此简单。

不知道为什么，最近常常陷入回忆中。有时一段文字，一个故事情节突然让我思绪飘飘；说过的话，过往的事，都在思念的心坎中；心儿柔柔，情儿绵绵。回忆是一种淡雅的幸福，总让你在某个最美最真的时刻，心中飘过一抹灿烂甜蜜的微笑；回忆是岁月里静静流淌的情愫，悄悄让你用心灵读它，感悟它。

与孩子们相处，总能让人感受到甜甜的幸福。看看发生在学习生活中的小片段：

片段一:

饮湖上初晴后雨

水光潋滟晴方好, 山色空蒙雨亦奇。

欲把西湖比西子, 淡妆浓抹总相宜。

这是北宋诗人苏轼的一首诗。一天, 一个孩子拿着这首诗告诉我: "伍老师, 妈妈说她很喜欢这首诗, 可是我读不懂。" 于是我利用一节综合实践课和孩子们一起欣赏了这首诗。诗句的大致意思是: 在晴日的阳光照射下, 西湖水波荡漾, 闪烁着粼粼的金光, 风景秀丽。在阴雨的天气里, 山峦在细雨中迷蒙一片, 别有一种奇特的美。如果要把西湖比作美女西施, 那么晴朗的西湖就如浓妆的西施, 而雨天的西湖就像淡妆的西施, 都是同样的美丽无比。为了让孩子们进入情境, 我利用课件呈现了晴、雨天不同时间西湖的美景图片。放了一张有自己身影的照片, 因为只有这张能够很好地表达 "水光潋滟", 孩子们欣赏着, 不断发出惊叹声。当看到我的照片时, 一个孩子说: "伍老师就是那西子!" 另一个孩子接应道: "比西子还要美的西子!" 全班孩子都笑了。这俩还真搭上了, 真是会拍马屁的家伙! 我又问道: "谁知道西子是什么意思?" 马上有孩子说: "就是美女, 就是西施!" 看来还真是做了点功课的。我说: "对, 西子就是指的西施, 是古代四大美女之一。" "还有貂蝉!" "还有小乔!" "还有杨贵妃!" 天啊! 小乔都来了。答对三个也不错。

片段二:

记得我与孩子们一起读《幸福是什么》。问起孩子们读完文章后的感受, 他们告诉我:

刘清雨: "爸爸妈妈工作很忙, 如果爸爸妈妈能多一点时间陪我, 我想我就是幸福的了。"

马韬: "吃好、玩好、睡好、生活好, 就是幸福。"

肖蔺芷: "能和爸爸妈妈、爷爷奶奶还有弟弟, 每天快乐的生活就是幸福。"

刘雨希："能够帮助别人，给别人带去快乐，就是幸福。"

"能够让我多玩一会，甚至能给我买台电脑，我就很幸福。"

……

孩子们的幸福简简单单。而我们从文章中知道：清理老泉能方便别人；给病人治病能让他人恢复健康；做很多对别人有用的事；耕地种麦子能养活很多的人……所有的一切都是幸福。通过自己的辛勤劳动，做出对人们有益的事情，别人幸福，自己也幸福。

那什么是"有益的事情?"孩子们说："就是有好处的，对别人有益处的事情。"是的，别人开心了，你也会感受和分享到那份喜悦的。

记得有一次，我带着对孩子们许下的承诺，迫不及待地提着奖励给他们的棒棒糖走进教室。听说要分糖了，孩子们高兴极了，仿佛过节似的，班上热闹一片。于是我邀请班长和我一起分糖，每人一根棒棒糖。分到孩子手中时，那是多么甜蜜的糖啊！有的孩子把糖捧在手中幸福地端详着、把玩着，想吃又舍不得吃；有的孩子把糖悄悄藏在文具盒里，似乎珍藏起一个最美丽、最甜蜜的记忆；有的拿着糖静静笑着；还有的拿着糖跑过来悄悄告诉我："老师这真是欢乐的日子，像过节。"教室里到处是孩子们快乐的笑声，张张红扑扑的笑脸如同朵朵盛开的鲜花。我也高兴极了，拿出一根棒棒糖，告诉孩子们，现在老师和孩子们一起吃糖。听说要吃糖了，教室里又是一阵沸腾。我让孩子们小心剥开五彩的糖纸，一起舔舔糖。当看到我舔着糖，孩子们似乎更乐、更幸福。孩子们说糖甜极了，简直甜到心中。我含着棒棒糖，走在孩子们的中间，津津有味地吃着、品着，惬意极了。

含一根棒棒糖，我们把甜甜的幸福写进心中。所谓幸福，全由小小的细节和片段积累而来。只要我们用心、用情去体会，处处都是美丽的诗篇。我悄悄地对自己说，教育就是这样点点滴滴，爱就是这样自然无声，幸福的滋味就是如此简单。

编者按：宠辱不惊，看庭前花开花落；去留无意，望天上云卷云舒。小天使们给老师带来了什么呢？

幸福的滋味

王　娜

清晨，当我们迈着轻快的脚步走进校园，迎面而来的是孩子们一声声稚嫩的问候；课间，回到办公室，桌子上悄然放着一粒润喉糖……作为一名小学教师，幸福就是这么简单！

今天是我的生日，也是校运会的第二天，我刚回到办公室，班里两个女同学就跑过来左右各一个拥抱着我。我有点莫名其妙地看着她们，她们俩互相交换了一下眼神说："老师，我们陪你去看比赛。比赛快开始了。"然后左右拉着我出去，寸步不离地一直陪在我左右。

看完我班学生参赛的项目已经4点多，当我刚准备走进教室时，她们竟把门给关上了。我有点生气了："你们在干什么？""老师，委屈你在外面等一等。"于是就只能听见背后不时传来匆忙的脚步声和窃窃私语的声音了。不大一会儿，孩子们把门打开齐声喊："老师，进——来——吧！"话音刚落，我就被几个嘻嘻笑着的孩子"强行"扭转过身子。待我转过身进教室时，不禁被眼前的景象惊呆了。教室的黑板上、墙壁上到处都是孩子们精心的布置，一朵朵美丽的手工花，一张张精致的贺卡，一句句感人的话语……

"祝你生日快乐，祝你生日快乐……"几个女孩子在教室后面翩翩起舞，其他孩子们边拍手边齐声唱生日歌。此时此刻，我完全被孩子们的爱包围着，深深地陶醉了，我的眼泪潸然而下……从二年级一路走来，"小不点"已经茁壮长大，从调皮捣蛋不懂事到现在懂礼感恩，这一切就如同在眼前不断回放的一幕幕电影。

"我只想收获一片绿叶，但是你们却给了我整片森林。"我不知道用什么来形容当时的心情……身为小学老师的我，在平凡的岗位中，如湖水般平静无波，没有惊天动地的壮举，也没有鲜花和掌声，日复一日、年复一年，默默地守护着这些小小的"天使"。我收获的不仅仅是知识的积累和专业的成长，更多的是来自这群天使们不加掩饰地对我的祝福和爱。

谢谢你们，我的小天使们。是你们使我每一天都沐浴在浓浓的幸福中！是你们让我的心里有了这样一份执着：不为华彩，不为称羡，只为心中的梦想，只为执着永恒的生命。

编者按：最真最美是童心。她牵挂着，小小的知了，对自然界充满了无穷无尽的好奇，视身边的一草一木，一花一虫为至亲好友。

小知了换新衣

徐 来

一日下午，我路过校园中的葡萄架，看到一个梳着马尾辫的五六岁小女孩正趴在花坛边，在树下一堆枯枝败叶里找寻着什么。我顿生好奇，快步走过去。"小朋友，你在找什么？"小女孩这才抬起头，她的头发有些蓬乱，细密的汗珠将刘海湿成一缕缕，贴在额上，看样子已经在这里找了很久。可她没顾上这些，忽闪着长睫毛下的大眼睛，天真而急促地对我说："老师，我在这里找知了，可是找了很久都没找到。""你为什么在这里找呢？"听她这么一说，我追问。"老师告诉我，知了最喜欢在枯草堆潮湿地里生活了。上次我们班一个同学就在这里找到了一个，我们都看见了呢！"说到这些时，她的脸上浮起了丝丝期待。看来这只是孩子的一个天真的游戏，我不想再耗时在这里，办公室里还有一堆事等着我去处理呢。我便随便回了一句："那你在这里慢慢找吧，应该可以找到。只是待会上课了，你要记得回教室。"说完，我快步朝教学楼走去。

刚走到楼门口，我突然听到后面传来孩子的疾呼，"老师、老师，你看！"我回过头，发现是刚才找知了的那个小女孩，她手里举着什么，正气喘吁吁地朝我跑过来。看来，她找着知了，给我报喜来了。等她跑到我面前，她便把一只小小的知了放到我手心，仰着头蛮有成就感地看着我，似乎在等待着什么。我一眼就发现，放到我手心里的只是一只空空的知了壳。可能孩子找到时一惊喜，没来得及细看，就跑过来向我献宝了。当我告诉她找到的只是一个知了壳时，孩子脸上兴奋的表情瞬间消失了，那双忽闪的大眼睛似乎有泪花泛起。估计找到的不是知了，孩子觉得沮丧极了。我忙安慰她："别着急，你再去找找，说不定能找到。"她没有接我的话，"小知了好可怜，这么小就死了。"我的心突然像被什么撞了一下，"别伤心了，你知道吗？这只小知了它没死，只是它慢慢长大了，发现原来的衣服太小就脱了，它去找新衣服了。"女孩似乎接受了我的解释，似信非信地回了一句："真的吗？""当然。""那我再去找找看，看看它还在不在那里，有没有找到新衣服。"女孩捧着这只知了壳，又朝葡萄架下的花坛边奔去。

孩子就是这样，对自然界充满了无穷无尽的好奇，视身边的一草一木，一花一虫为至亲好友。她可以为它们欢呼雀跃，也可以为它们牵肠挂肚。只是孩子的心思，我们经常误读。

优秀的师者，往往是最能读懂孩子世界的人。

编者按：课堂变推销会？学生变推销员？你见过这样的推销会吗？没有的话，你不妨来彭老师的课堂看看，说不定，有意外的惊喜哦！

一场别开生面的推销会

彭 灿

今天学习《新型玻璃》一课，我一改往日的惯例，走进教室，告诉孩子们："今天这节课我们将举办一场新型玻璃的展销会。现在你们不再是学生，而是我公司的员工——推销员。今天你们的任务就是将我们公司生产的新型玻璃推销给客人。"孩子们一听到自己现在不是学生，都惊呼起来！看着大家兴奋的样子，我继续说明："不过，要把我们公司的产品推销出去，首先就得对我们的产品的特点、性能、作用等各个方面了如指掌，接着用你们的言语去打动顾客，让他们来买我们的产品以达到此次推销的目的。那么，推销员们，现在赶紧打开我们的产品说明书，好好研究研究吧！"呀！任务布置下去，好不热闹！有的坐在座位上认真研究研究，有的却三五成群商讨。看着如此热闹的场面，我窃喜，更多的是期待……

没多久，教室里的小手如林，孩子们个个跃跃欲试。首先登台的是曦来组，他们推销的是"夹丝玻璃"。曦来负责介绍产品的性能，博锐负责产品的演示，婷婷负责热线的接听，友友负责发货等事宜……小家伙们很有团队意识，推销分工明确，获得了大家的一致好评，因此获得了"最佳推销组"的称号。送走了第一组推销团，接着我们的瑁瑄组也闪亮登场了。"大家是否还在为噪音而烦恼呢？是否还在为晚上不能睡觉而头疼呢……消音玻璃问世了！大家快来买哦！先打进电话可以享受8.8折优惠哦!""看来小家伙们还挺精明的,做起生意来一套一套的。"站在一旁的我不得不感叹。他们俩在讲台上一唱一和,让在座的"顾客"无不拍手称好。第三个上场的是人气最高的钱多多组,大家听说他们上台,掌声不由自主地响了起来了。"亲爱的朋友们,大家好!我是钱多多……我为新型玻璃代言!"话音刚落,教室"沸腾"了起来。看来明星效应,更是营销制胜的一大法宝。小家伙们实在不简单呀!

丁零零!下课了,可大家依然乐此不疲,纷纷对我摆摆手,很大方的样子。"老师,我们不下课。"看着孩子们的那种兴奋劲,我不免暗自高兴!于是也就顺应了他们的要求,将我们的推销进行到底!

编者按：有"朱妈妈"的崽崽们是快乐的，有"朱崽崽"的朱妈妈是幸福的。不信，你看！

快乐的"朱崽崽"

朱柳英

当您走进女生301寝室，您一定会被一群快乐的"朱崽崽"所感染，所有的烦恼和不快都会一扫而光。您一定会很好奇"朱崽崽"的由来，让我来告诉您吧：本人姓朱，孩子们都亲切地喊我"朱妈妈"，理所当然，孩子们就是"朱崽崽"啰！嘿嘿，好笑吧，开心的还在后面呢！

早上起床，崽崽们都在忙着叠被子，搞洗漱。晓霖坐在床上一动不动。我好奇地问："崽崽，怎么啦？""朱妈妈，我不知道这被子怎么叠？""你就按照朱妈妈教你的方法叠呀，平常你不是叠得很好吗？""朱妈妈你看，这边都是'皮'，没有一点'肉'，怎么办呀？"看着她那一本正经的样子，我不禁被她那搞笑的话和表情逗乐了。原来，她睡觉的时候"不安分"，让被子里的棉絮缩成一团了，依她那么小巧的个儿，想把被子抖平整，那确实不是一件容易的事。于是，我用手抓住被子的两个角使劲地抖动，终于把被子弄平整了。我趁机告诉她："睡觉的时候不要老是翻来覆去，被子成坨就不好叠了。"看着我为了她的"杰作"而那么的费力，她不好意思地笑了，连忙说："朱妈妈，以后睡觉我一定会老老实实的。""那就对了，真是朱妈妈的乖崽崽。"

中午回到寝室，是"朱崽崽"们的开心一刻。崽崽们会把在教室发生的一些趣事说给我听，我总会耐心地倾听，和她们一起分享快乐。碰到烦心事，我会一一开导她们，直到崽崽们释怀，露出开心的笑脸。同时，我们会相互拿出一些各自搜集的脑筋急转弯或趣味问题来考对方，当我回答不出来时，孩子们会蹦得老高，兴奋地说："哈哈，朱妈妈，被难住了吧，要不要我们告诉你呀？"看着情绪高涨的孩子们，我也是醉了。

　　晚间洗漱后，朱崽崽们有一个零食大会。她们会把从家里带过来的各种零食拿出来和大家一起分享，孩子们分坐在两边的床上，手中拿着零食，吃得津津有味，这也成了我们301寝室一道独特的风景。

　　怎么样？我们301寝室的朱崽崽们生活得很快乐吧！欢迎您来做客，和我们一起分享快乐哦！

第五章 暖心——师生情

　　有一种职业最美丽，那就是教师；有一种精神最感人，那就是师魂；有一种情感最动人，那就是师生情……老师与学生之间的情谊就像坚不可摧的钢铁，就像永不停息的波涛，就像太阳散发出的褶褶光芒，温暖人心。

编者按：六年弹指一挥间，小不点们都长大了、懂事了。六年来的相伴，都成了化不开的情谊，在"老班"的笔下化作了款款深情。

点滴都是爱

——写在孩子们的毕业季

彭桃英

当你和一个人，不，是一群人，朝夕相处近六年，看着蹭蹭往上蹿的身高，听着逐渐变得有个性的嗓音，心中不由感慨无限。是的，当这些小不点的班主任已经六年，马上就将面临毕业季了，无论曾经有多少欢乐，有多少辛酸，此时，唯剩下浓浓的不舍了。

从不曾想过，六年的光阴竟可以如此匆匆，以至于蓦然回首时，才发现经过的点点滴滴依稀还在眼前。

六年来，孩子们渐渐长大了，这群当年时刻围着我或流鼻涕擦眼泪，或撒欢的小不点长高了，明理了，也渐渐有了自己的朋友圈子，不再时刻在我眼前晃了。六年来，不论是严厉地呵斥，还是温柔地安抚，不论是课堂上的谆谆教诲，还是课余时间的欢歌笑语，都已经成为往事，定格在记忆深处了。

六年来，目睹着孩子们一步步走向成熟，我又何尝不是伴着他们一起成长？初次担任低年级的班主任，初次和这么小的孩子们相处，点点滴滴中留下了无数美好的回忆。如今回想起来，这些回忆不就是一个个美丽的成长故事吗？

犹记得六年前，这群懵懂的家伙在同一天进入了美丽的云小，走进了同一间教室。于是，有了我们的不解之缘。于是，有了我们共同营建的班集体——42班。初次面对那么一群"蛮不讲理"的小家伙，即便是工作了十几年的我，也禁不住心里直打鼓。刚开学的那几天，每天最怕的就是他们的"天籁之音"——哭闹。你都不知道什么时候就会有那么几个小家伙把小嘴一瘪，然后小脸憋得通红，酝酿好情绪之后冷不丁的一声大哭"我要妈妈!"然后教室里就闹开锅了。底气足得可以声嘶力竭地卖弄他的大嗓门，感觉好几分钟都不用换气；胆小一点的，用眼睛的余光扫扫那些心中的"勇士"，然后躲在角落里，挂着晶莹的泪珠，可怜巴巴地望着你，仿佛就是我这老班给了她无尽的委屈。习惯了大嗓门的我，不得不拿出最最柔和的嗓音，摆出最最温柔的笑容，这个摸摸头"真乖，再哭就不漂亮啦!"那个抱一抱，"看看，我的小宝贝长高了没？哇，这么帅的宝贝怎么会哭呢?"然后就在一群渐渐平息的抽噎声中，看着自己满脸满身的口水、泪水，欲哭无泪。到如今，想想那时候，我还是忍不住有些"汗毛倒竖"。一天到晚，这些小猴们有无尽的精力，我也只好舍了老命陪着他们奔跑跳跃。好不容易挨到就寝时间，好不容易把他们安抚了，却又总会有小手拉住我不放，要讲故事陪着睡。等到终于安静下来，拖着疲惫的身躯回到家的时候，不想说话，不想动，只想做个木头人。可是如今想起来，竟然满满的都是幸福。因为短短几天，我就由"彭老师"升级到了"彭妈妈"，因为想念妈妈的哭声越来越少，因为办公桌上总会偷偷出现几颗糖，因为……

低年级，就在这每日的磕磕碰碰与唠叨不止中悄然逝去了。

都说中年级是最好带的时候，孩子们跳脱了刚刚入校的稚嫩，却又保留着天真童稚。事实上，也真的是轻松了很多。一来孩子们经过了两年的学习，在这个大家庭里学习知识、礼仪，必定是收获满满。于是乎，进入中年级的他们，也自认为自己在瞬间长大了许多，因为"低"与"中"在他们幼小的心灵里还是很有差别的。于是，习惯了一群小嘴巴时刻缠绕在身旁的我，突然之间觉得身边有些冷清，竟然有些失落了。孩子们有了自己的亲密玩伴，有了自己最感兴趣的游戏，甚至还可以自己解决与同伴之间的矛盾了，于是对老师的依赖远远没有一二年级那么迫切了。于是乎，一到大课间，三五成群的，或跳绳、或打球、或做自己喜欢的小游戏，老班我倒成了名副其实的"游手好闲"了，这里转转，那里瞧瞧，偶尔举起手机，为孩子们收集精彩的瞬间，也是其乐融融啊！当然，也免不了挂着泪珠委屈地跑来指控某某欺负自己的，可老班轻言细语地安慰几句，找来"肇事者"郑重其事地说声"对不起"，刚刚还红着兔子眼的小家伙就会破涕为笑，又高高兴兴地加入了游戏的行列。看来，宽容与大度在幼小的心灵里已经茁壮成长了。

……

转眼，就到了毕业季了。看着眼前一个个比自己还高的海拔，回想六年的点点滴滴，我竟不知从何说起了。曾经的一幕幕在脑海里不断地翻飞跳跃，却又抓不住停留的瞬间。那曾经一双双懵懂的眼眸如今灵动狡黠；那曾经还带着婴儿肥的脸庞如今逐渐展开，或帅气，或甜美，只依稀还见昔日的模样；那曾经娇娇脆脆的嗓音如今也各有特色，不再让老班混淆了……电脑里存储的成千的照片记录了孩子们成长的点点滴滴，或开怀大笑、或黯然垂泪、或赛场拼搏、或书海畅游。一颦一笑，一举一动，都是美美的记忆。而今，面对即将在学海开辟新航路的你们——与我朝夕相伴的孩子们，老班能为你们做些什么呢？遇到难题时的耐心讲解？陷入贪玩时的严厉批评？彷徨时的轻声安抚？犯错时的谆谆教导？赛场上的并肩作战？谈心时的坦诚相对？六年来，不知老班在你们的心中留下了怎样的痕迹？三年后，五年后，十年后，老班是否还会在你们的心间有一席之地？或许哪天在偶然间重逢，若你能一脸惊喜地大呼一声"老班"，那该是一种怎样的幸福！

"莫愁前路无知己，天下谁人不识君。""无为在歧路，儿女共沾巾。"我们吟诵着这些的时候，或许不曾想过在不久的将来，我们也要挥手道别。不管是笑意盈盈的一声"珍重"，还是泪流满面的依依惜别，记住，那都是满满的爱！

编者按： 说不出再见！眼睛里、头脑中都是与你们朝夕相处的点点滴滴。时间已经到了要说再见！只能笑着流泪送你们离开。

我与43班孩子的缘

赵海燕

终于到了要说再见的时候，我亲爱的43班孩子！佛说：前世的五百次回眸，才能换来今生的擦肩而过。那么，我的孩子们，得有多少缘分才能换来我们两度相逢。三年的相伴，你们是我的骄傲，是我以后的教学生涯中永远难以割舍的眷恋！

还记得你们刚走进云小时那稚嫩的小脸：大萌眼的黄光耀、乖乖甜甜的徐瑶、文静秀气的王若薇、能干的洪婷、帅气的郭玥琦、个性十足的贺坤……

由于学校的工作安排，我曾短暂地离开过你们。要再度重聚，我的内心充满了激动与无比的期待。翻看三年前的照片，映入眼帘的都是一些缺了门牙的笑脸，还记得我们相伴时，你们给予我的喜爱。不管什么时候，只要你们看见我，就会立马飞奔到我面前：卢永洁、罗昊天的熊抱，总带着铺天盖地的热情；尹茂林的体贴让人倍感温暖；谢沅曦的腼腆羞涩让人无比怜爱……三年后的今天，你们可还记得我，可还会如从前般的喜欢我？再次走上你们的讲台，我该说点什么来表达我离开的这三年里，对你们的想念？

如果让你们再次看看照片，一定是满心欢喜的吧！一定会在照片中努力地寻找自己稚嫩的脸，一定会惊诧，原来我以前是这个样子啊！终于，在你们的欢笑声中，在你们一声声的问候声中，那些横亘在我们之间的三年时间，已然消融。缘分就是这么巧妙！我们一如从前般结下了深厚的友谊。

三年里，43班新转来了不少的学生。为了不让你们对我有陌生感，为了在第一节课时就能叫出你们的名字，在开学前的一周时间里，我就跟班主任周老师了解了你们的基本情况。你们的性格怎样，有什么特长、爱好；你们的学习情况怎么样；就连你们的长相，我都比照着班级合影问了个一清二楚。功夫不负有心人，你们中的双胞胎姐妹花一定很好奇：这个赵老师，怎么一下子就分清楚了我们谁是姐姐，谁是妹妹的？

亲其师，乐其道！因为你们爱我，也就同时爱上了我的数学课。数学课上，有思维敏捷，反应快过超人的朱家兴；有课后打破砂锅问到底的罗俊杰；有经常担当小老师，为同学们讲解难题的郭玥琦；有善做难题的邹郅文、徐莎……因为有你们，43班的数学课堂永远充满活力；因为你们，总鞭策着我不断钻研教法，不断提升数学素养。在大小考试中，你们的表现也越来越出色，特别是今年的小升初考试，成绩喜人！你们是赵老师的骄傲，你们更是云小未来的希望。缘分就是这么巧妙！我们用两度的重聚，结下了深厚的师生缘。

我亲爱的孩子，我的43班！已经到了要说再见的时候了！

时光给予你们的不光是容颜的变迁，你们的知识和情感如同高山上的雪松，不断向上。你们已长成了我眼中婷婷的少女、朗朗的少年。太多、太多的温馨在心头迷漫，我亲爱的孩子，我的43班！即使我有再多的不舍，再多的牵挂，我也只能笑着流泪送你们离开。小溪终要流向大海，雄鹰终将要飞向蓝天！终有一天，我将以你们为荣，云小将因为你们而更加精彩。

编者按： 六年时光，于我们，是一个绚烂的梦。感谢曾经的那些守候、付出，终于，静静的，花儿开了。

静静的，花儿开了

刘旭明

褪去青涩，告别懵懂，转眼间，孩子们即将与我告别，开启他们新的人生征程。也许，光阴可以带走许多，但成长岁月中总有些印记是永不会磨灭的。

六年前，我与孩子们共同踏入这片令人神往的校园。四十班——这个充满着凝聚力的集体便诞生了！每一次探讨，每一次游戏，每一次为四十班这个集体而拼搏，都将成为我们记忆中最珍贵、最美好的一页。

六年来，我们在这里一起学习、一起成长。记得我跟孩子们说过："我们的班级就是一个不完美的老师带着一群不完美的孩子向着完美奔去。"六年了，我们一直都在朝着这个目标前行。在这一路拼搏中，我们互相关心，互相鼓励。记得升学考试前，由于用嗓过度再加上感冒，我的喉咙几乎发不出声音。那个早晨，听着我极度沙哑而难听的声音，孩子们格外安静。早饭过后回到办公室，桌上整齐地摆着两瓶酸奶和一盒药，并且工工整整地写着：祝刘老师的嗓子早日康复。看着这些，一股暖流在我心头涌动，多么可爱的孩子呀！

孩子们一天天长大，成长的烦恼或多或少，可是，正是这些调皮的小情绪让我们变得更加亲近。小馨——一个平日里阳光开朗的孩子，最近却总是愁眉苦脸，做什么都是心不在焉。吃完晚饭，我悄悄地把她叫来，还未开口，孩子便对着我哇哇大哭："刘老师，我不知道该怎么办，爸爸妈妈离婚了，我觉得自己被抛弃了，以后没人管我了……"看着孩子伤心的样子，我赶紧出言安慰。等她心情平静后，我们一起聊了很多，经过耐心地引导，孩子终于感受到，父母尽管分开了，但依然爱她。安全感找到了，孩子安心了。每次看着孩子们倾诉完各种心事后那原本忧愁的小脸上再次绽放笑颜，我的心里也充满了甜蜜。从相遇、相识到默契、相知，我们一起面对成长的烦恼，一起解决学习的困惑，一起体味生活的快乐。我们的心早已紧紧连在一起，师生间情意浓浓！

沐浴着温暖的阳光，吮吸着关爱的雨露，四十四个美丽的花骨朵终于璀璨盛开了！在升学考试中，我们的汗水和努力浇灌出了丰硕的果实。每个人都考出了自己理想的成绩，为此，我们每一个人都欢欣鼓舞！

急切溜走的时光，总是最美妙的。回首这六年短暂而又永恒的时光，记忆一串一串的，画面一闪一闪的，教室里朗朗的读书声，操场中奔跑矫健的身影，阳光下温暖的微笑……六年的云小生涯，于我，于四十班的每一个孩子，都是一个绚烂的梦，值得我们永远回味。

编者按："他也会有像你这么好的老师照顾的。"一句话，温暖的不仅是老师，也温暖了我们大家的心。

孩子的爱暖暖的

冯爱书

来云小工作已经六年了，这里真实地记录着我和孩子们之间的故事。每一件小事，都饱含着着浓浓的师生情，每一个回忆，都是那样的甜美，那样的温馨……

一天，寝室里面爱说爱闹的小精灵馨馨没精打采地坐在床上，我感觉不对劲，忙走过去问她："馨馨，今天怎么啦？"摸摸她的额头，呀！发烧呢！我忙带着她看校医，急着和她父母联系，又端来温水喂药……就在那时，我的手机铃声响了，一个熟悉的号码映入我的眼帘，那是我儿子班主任的电话，说我儿子病了，能不能赶过去看看他。我当时没有想太多，只是说待会儿让儿子他爸爸过去，说完，就把电话挂了，又开始照顾馨馨。没想到我与儿子班主任的对话被馨馨听到了，看到我的情绪有点低落，她急忙对我说："冯老师，您儿子怎么了？"我忙说："哦，没事，和你一样，有点小感冒，喝点药就没事了，等下你妈妈就会来接你了"。其实，在我心里，我也多么想去接我的儿子啊……

没想到，过了一会儿，馨馨突然抱住我，轻轻地在我耳边说，"老师，哥哥没事的，他也会有像你这么好的老师照顾的。"我当时呆了，这么小的孩子，竟能明白我的心思，聪明的她居然还会来安慰我。

此时此刻，我的眼睛湿润了，在她小小心灵里知道去关心别人，去感受别人对她的爱，真的让我感受到，孩子的爱暖暖的。

编者按：一滴水只有放进大海里才永远不会干涸，一个人只有当他把自己和集体事业融合在一起的时候才能最有力量。

一路走来，一路有你！

张 昭

2014年10月27日，我参加了第三届杏坛之星第一轮赛课，回顾这一次赛课经历，虽然我已经是参赛的老选手，仍感触颇多：赛前的紧张忙碌、绞尽脑汁、反复试课、反复修改；赛后的反思、释然；还有最重要的——对云小团队的感谢。通过这次赛课，我深深感受到了团队的力量。任何成绩的背后绝不仅仅是一个人的付出，而是团队集体辛勤的成果。

今年的赛制略有变动，时间更紧，比赛前的第四天才知道赛课内容。接到通知后，教务科朱主任立刻组织英语组老师集体开会，迅速确定好磨课组成员，并组织好一切赛前准备工作，让选手安心备课，无后顾之忧。从接受赛课任务的那天起，教研组的全体老师们便投入紧张而忙碌的备赛工作当中。每个人都把这个事情当成了自己的事，当天中午我们都放弃了午间休息开始构思教学方案，研读教材、确立教学思路，制作课件……第二天上午我进行了第一次试教，课后大家给了我许多中肯的建议：教学设计要更切合新课程标准的理念；要多一些学生活动，培养学生合作学习，自主学习能力；教学活动还要更具操作性……之后的第二次试教，集体讨论，修改，教学用具的制作，教学活动的改进，每一个环节中都熔铸着我们这个团队的智慧与用心。到了第三次试教，也就是比赛前一天，却出现了意外情况：单词导入部分设计了让孩子们上台操作的猜谜语环节，有一定的难度，

85

是本节课的亮点，但在这个班上却出现了长时间无人答对的情况，推迟了导入新课的时间，对后面的环节影响很大。大家听完后，普遍认为只需要在细节上作调整，如给些提示，引导孩子们朝着教学的方向走就能解决。而一向敏感的雪却认为这个环节要替换掉，认为风险大，不能把筹码押在完全没见过面，丝毫不了解的学生身上。这一提议如平地惊雷，大家开始激烈讨论起来，最后大家决定分AB计划，如果能想到更好的创意就改，没有就按原计划。让我十分感动的是，在这十万火急的关头，各位组内老师挤出时间积极出谋划策，先后提出了好几个解决方案，最后我们经过集体讨论制订了新的教学流程。教具要补，视频要拍，教案要改，大家立刻分头忙碌起来，原本辛苦做好的东西推翻又要重新做，大家一直忙到晚上十点多。看着她们忙碌的身影、鼓励的眼神、肯定的话语、无怨无悔的付出和真挚的情谊，我感到我是如此幸运，能和如此敬业、团结的战友一起工作。没有她们的帮助，也许我也能完成这次任务，可是云小人一直是那么精益求精，我们要做就要做到最好，这种云小精神让我们的老师们不再计较自己的得失，凡事尽全力而为之，无怨无悔！正是这种团队力量让我超越了自己，自信地走上比赛讲台，为英语组而战，为云小而战！

赛课那天，大家显得比我还紧张，上午没课的几位老师都和我一起赶到了赛课学校，帮忙做好课前准备，发放资料、摆放教具、试播课件等，一切都是那么井然有序，让我没有一丝后顾之忧。最后，我的课得到了评委和听课老师们的一致好评，夸我们教学设计新颖，有创造力，教案课件严谨精致，惊讶于我们如何在这么短的时间内做到如此完美！我幸福地指向我们的团队：任何个人的力量都是渺小的，在集体的力量下我们才能将事情做到更好！毫无疑问，这次赛课我们获得了一等奖，也让评委们深深地记住了云小团队。

这次赛课带给我许多感动和进步，也是我教师生涯中重要的记忆，宝贵的经验。我将带着这份感动继续前进，把这种团队精神传承下去，为教育事业贡献自己的光和热，相信我们强大的云小精神会让我们云小团队势不可挡，一路向前！

第六章 倾心——特色教学

　　走进云小校园，便能看见校训石上镌刻的"厚德博学　和而不同"八个大字。"和而不同"要求尊重学生个体差异，实现人的和谐发展与个性化成长。为此，学校大胆实行"基础课程＋校本课程＋活动课程"的课程体系，开办了书法社、舞蹈队、美术社、机器人队等几十个课外社团，形成了百花齐放、百家争鸣的良好局面。

编者按：传承经典，颂扬美德。国学教育如一泓清泉，浇灌了孩子们的心灵，一个个成了"小绅士""小淑女"。

你当温柔，自有力量

谭 浪

遮挽不住的似水流年中，我与小学语文教育已水乳交融十六年了。有时候，拿着这翻来覆去地教了 N 遍的小学语文课本，也会在不经意间生出一些"相看两厌"的灰色情绪。怎样打破这一潭死水，给我的语文教学注入新的生机和活力？我在迷茫中思考。值得庆幸的是，我在陷入教学瓶颈的困惑时期，加入了云龙小学这一支优秀的团队。这里，有优秀的领头雁，有优越的教育资源，更重要的是，这是一方广袤的天空，可以"海阔凭鱼跃，天高任鸟飞"！

在我 2008 年接手 29 班的一年级新生时，我开始积极尝试，向学生渗透国学教育。六年里，我领着他们一步一个脚印地诵读经典：《三字经》、《成语接龙》、《小学生必备古诗 80 首》、《弟子规》、《增广贤文》、《论语》，国学经典浸润着孩子们的童年，也在他们的心里播撒下真、善、美的种子，让"孝、悌、忠、信、礼、义、廉、耻"在他们幼小的心田里生根发芽。至于孩子们的语文素养，那是自然而然地水涨船高了。

"亲身下河知深浅，亲口尝梨知酸甜。"尝到了国学教育的甜头后，我前行的脚步更加坚定了。2014 年 9 月，我接手一年级 63 班。小宝贝一个个聪明活泼，但也没一个静得下来的，更不要说互相谦让了。而这，是 00 后独生子女的诟病，但无疑也是国学教育的契机。枯燥的说教明显起不了任何作用，但宝贝们都喜欢听故事呀！于是，我一边带着他们咿咿呀呀地读"融四岁，能让梨。悌于长，宜先知。""香九龄，能温席。孝于亲，所当执。"一边绘声绘色地跟他们讲孔融让梨、黄香温席等国学故事。奇迹就这样发生了，国学故事替代了苦口婆心的说教，宝贝们在潜移默化中变得更明事理。

到了二年级，学校大力引进了《育灵童》小学国学经典教材，国学教育就变得更好玩了。每日晨读，孩子们全情投入到《千字文》、《笠翁对韵》的诵读中，悠悠古韵，回荡在洒满晨曦的教室里。无论老师还是学生，都到了"一日不读，便觉无味"的地步。而这看似遥远且拗口的古文，也给我们的学习带来了很多意想不到的乐趣。

在《千字文》第六课《乐殊贵贱》中，有这样几句：乐殊贵贱，礼别尊卑。上和下睦，夫唱妇随。班上一个男孩子按捺不住，大声说："老师，我知道'夫唱妇随'。就是丈夫唱歌妻子跳舞的意思。"我顿时乐了，孩子们也一个个笑得合不拢嘴。在让学生正确理解了"夫唱妇随"的意思后，那个男孩子又不服气了："老师，可是在我们家里，都是女的说了算呀！"我更乐了，灵机一动："在你们家里，是妈妈说了算的请举手。"唰唰唰！教室里举起一片。我笑呵呵地总结了一句："现在不比以前了，男女各顶半边天。咱们湖南这一块女性地位就更高了，可能很多家庭都是'妇唱夫随'了。"哈哈哈！教室里乐开了花。

到了学《笠翁对韵》，孩子们就更加乐在其中了。听，有学生这样评价班上的女生："绵腰如细柳，嫩手似柔荑。"我掩嘴偷笑。聪明的孩子还学会知识的迁移了呢！第16课《十四盐》中有一句："腰袅袅，手纤纤，凤卜对鸾占。"孩子们立马心领神会："老师，这就和前面'绵腰如细柳，嫩手似柔荑。'是一个意思！"只有天知道，我是多么为这群孩子骄傲！

你当温柔，自有力量。国学就是这样：随风潜入夜，润物细无声。

时间的沙漏虽然悄然消融了我和孩子们的光阴，遮不了，留不住，但那些曾经的过往却深深地镌刻在心中。我也始终坚信：琅琅书声，就是孩子们的朗朗乾坤！"最是书香能志远，腹有诗书气自华。"我愿一如既往地在孩子们的心中播下国学的种子，让书香伴随他们成长，让经典浸润他们的童年！

编者按：书法是中国人的魂，不论是孩子，还是教师，甚至食堂的大师傅，都喜欢写上几笔。冯老师从身到心，从心到灵，都与书法融为了一体。他对书法的热爱，与对云小的热爱，都是那么自然、那么有力。

从学到教——我的翰墨情缘

冯再新

转眼，走上教育的岗位近20年了，从懵懂少年到年近不惑的距离，似乎很遥远！然而世事变幻，如白云苍狗，雪泥鸿爪般，却无从捕捉，无法挽留，正如朱自清先生的名篇《匆匆》中所描述的那样，在不经意间溜走了！

在毕业后的十五个春秋里，我在家乡那个偏僻的小地方，带着一腔热血，守着三尺讲台，默默耕耘着。从语文、数学到音乐、美术，无所不教；从教学一线到后勤管理，各个岗位都经历过。那种波澜不惊，没有挑战性，缺乏激情的日子，对于不甘平庸的我来说，无异于虚度光阴。于是总有一股力量驱使着我求索、改变、奋进。年近而立的我自费学习过软件编程，自学考取了会计资格证……如此这般的折腾一番后，终究什么都没能改变。幸好，那些年，有书法为伴！

我自幼喜爱书法。在那个贫乏的年代，像我这样的寒门学子，是不知道还有字帖这回事的，只能从一些广告招牌和零星可见的报刊上看到一些书法作品。感谢那时的教育提供给小学生以描红本这样的范本，让我的人生吮吸到了书法的第一口奶。初中读书的时候，老师认为我的字写得还可以，于是让我"承包"了班级的黑板报。也是从那时起，我便与当时一些在当地小有名气的书法爱好者有书信来往，从他们那里得到一些指点和鼓励，让我心中那小小的艺术火种得以延存不熄。在师范读书期间，我终于有机会得到专业老师的指引，接触那些名家法帖。从此，我便乐此不疲，把所有的课余时间尽付书法，贪婪吮吸着书法艺术的甘露，也就是从那个时候起，书法在我的生命和灵魂里烙下了深深的痕迹。虽然没有取得过多大的成就，但在那些郁郁不欢的日子里，打发了多少无奈的时光，带来多少心灵的慰藉，也在不经意间，让自己的灵魂丰满起来！也因为对书法无意识的却融入骨血的追求，才算不负了青春，成就了未来的路！

2012年秋季，我以书法教师的身份来到了云龙小学。

"书法养性"是云龙小学的办学特色之一。把书法课纳入课表，这在当时来说，是前瞻性很强的，因为在数年后，许多学校才纷纷以各种方式打造书法特色。当年的书法特色，还只是限于一个书法特长班十几个学生身上，还没来得及全面铺开。但学校已经有了较好的发展平台，省级书法课题研究也接近尾声，作为课题研究成员单位，学校受到了省教科院、教师发展中心等相关领导和专家的重视，并在全省范围内形成了一定影响。正是在这个时候，我成为了本市范围内为数不多的专职书法教师之一。

来云小后，难得的书法学习交流平台让我倍感珍惜，我的书法教学活动和自己的专业学习成长得到了省教师发展中心李再湘主任的许多帮助，当然还有省内各知名学校的书法老师和同道们的相互交流学习。良好的氛围，让我受益颇丰，自己的专业水平也不断提升，作品入展湖南省中小学教师书法作品展、湖南省第八届艺术节书法摄影精品展等。因为活跃度高，脸儿熟，我被推选为省中小学教师书法教育委员会副秘书长，湘潭县书法家协会理事，多次承担湖南省书法国培项目的现场教学观摩活动的任务。

为了提高书法教育教学和研究水平，学校曾多次派我到深圳、长沙等地的名校进行学习和交流，让我获得了不少启示，书法教学的思路日益开阔。在书法教学课堂上，我非常重视兴趣的培养，总是努力营造一种快乐的氛围，让孩子感受到传承国粹是神圣的，写好汉字是幸福的。我知道，我虽然不能在短时间里让孩子们的书法水平迅速提高，但我能在他们的心田里悄悄种下书法的种子，让它们扎根、生长，假以时日，又何尝不会茁壮成长起来呢？

孩子们越来越喜欢上书法课，而且进步很快。有一次，有个孩子在上课的时候跟我说："老师，我放假在家里每天都练字，妈妈说我进步了！"还有的孩子每天坚持课外练习，经常让我检查和点评；许多孩子都非常喜欢跟我交流，愿意与我亲近，甚至课间时分都会被小朋友抱着腿，"老师，我最喜欢上你的课了！""老师，我想你了！"有一次放完寒假返校，一个孩子拉着我的手，一本正经地说："老师，我在家里想你了！"这样暖心窝子的话，怎么不让人感动？所谓的职业幸福，不就是被学生认同，被同行认可吗？孩子们亲近我，也许是作为教师的那一份亲和力，我想更多的应该是在我的日益熏陶下他们也跟我一样志趣相投了吧！

每日我都会在书法教室里静静地练一会儿字，临临帖，练练手，这是多年的习惯了。哪一天不写，这一天就过得不完整，心里不踏实，有人把这个叫做病。如果这算是病的话，我想自己已经"病"得不轻了，而且也基本开始放弃治疗了，因为我喜欢这样的"病"，似乎周围有不少人也开始跟我患同一种"病"了！每当我在写字的时候，窗外来往的孩子们有的会小声地跟我打招呼，有的会驻足凝望，还有的会悄悄地走到我身边来，也不说话，就静静地看着。他这样静静地看，我就这么静静地写着，互不打扰。我想，是不是已经有一些东西开始往他的心间蔓延了呢？或许，其中有那么一个小屁孩多年后也迷恋上了书法的时候，那小小的理由会不会正是因为今日的驻足凝眸呢？

不只是这些孩子，还有一些大朋友们，也循着翰墨的芬芳来到了书法教室。什么缘由，我也说不清楚，反正只要来了，就写写，写不好没关系，基本的东西教一教，就像模像样了。甚至食堂的大师傅也偶尔来摆弄一下毛笔，冷不丁写出的几个汉字，还真有点功底，让人跌破眼镜！书法是中国人的魂，你信吗？反正我是信了！是中国人就爱看书法，有机会就写写书法。这是几千年的传承，血液里都流淌着书法的因子，这不是魂么？中国人也许就是凭着这一缕缕的魂一代代延续下来的呢。我不敢假设，哪一天中国没有书法了，汉字变成像英语这样的表音的文字，或是像日本那样的片假文字了，那中国的魂就没了，中国，也就没有了！

就这样写着写着，自己的功底好像涨了那么一点点，求字要篆刻的人多了，这倒没什么。周围愿意来写字的大朋友、小朋友们也多了，这才是更重要的事。因为我首先是老师，倒不见得是什么书法家。报名学习书法的孩子也多了，成倍地涨，由最初的十几二十来个，激涨到了现在的一百多人，可以说是爆满了。以前没得挑选，来了就成，现在我可以稍微有点挑三拣四了，当然孩子们愿意学，我尽量保护他们的兴趣，不会轻易地退掉任何一个人的。原来的孩子学了一个学期以后，就喜欢换换口味。现在许多孩子在学了一期后总是跟我说："老师，下学期我还要报名学书法。"这当然跟学校大力提倡弘扬书法艺术大有关系，学校从宣传布置到课程设置，都紧紧围绕书法特色这一着力点，后来还以我的名字成立了名师书法工作室。在这样的学习环境中，孩子们耳濡目染，深受熏陶，对书法感兴趣那是很自然的事了。

我不敢说自己有多会教，我认真做的，只是让孩子们愿意学，喜欢学。我想，学校的学习时间毕竟很短，每周一两次课所学也不多，把所有的时间都学好，既不能让他们成为书法家，也不能让他们成为科学家，况且得满分的学霸也不见得将来会在某个领域有多么辉煌的成就。比起终身学习来，学校的学习只是一个开端，是一个起步，是一种筑基。如何让孩子们愿意学，喜欢写，我觉得这才是最重要的，也是最有意义的。我可以让孩子们在几天的时间内把一些字写得很漂亮，跟字帖上相差无几。可是没有兴趣的学习的后果是，虽然写得很好，因为觉得枯燥无味，甚至很反感，最后却不愿意写了，那这样的学习还有什么意义呢？

经常遇到一些很调皮的孩子报名参加书法学习，这样的孩子，我其实很喜欢。因为调皮的孩子思维活跃，可塑性强，往往只要上路了，便进步很快。但这样的孩子也很头疼，因为难管，管严了，破坏了孩子的兴趣；管松了，便不能起到作用，甚至还会影响其他孩子的学习。这个时候，国学和传统思想起了重要作用。古人很聪明，把美学思想和做人的哲学都包含在了这些文字里面，教写这些汉字的时候，把一些传统思想和做人的道理教给孩子们，是非常重要的，也是很吸引人的。譬如，教一个左右结构的字，你光让他们写，他们会觉得不可理解，为什么非得这样写，我那样写不是很好吗？不理解，便会觉得枯燥，就会慢慢对写字没有兴趣，丧失信心。如果你告诉他们，汉字的左右两个部分，要谦让才会和谐，要顾盼才会生动，给他们写个示范，他一看，就懂了，就会写了！说来也怪，来书法班学习的孩子，即使稍微顽劣点的学生，也会慢慢地沉静下来，书法的魅力如斯！

我为自己从事书法教育而骄傲，同时，也为自己从事这样一个意义深远的工作而惶恐。我总是小心地保护孩子们探索未知的兴趣和欲望，即使还不尽如人意，也总是褒扬加鼓励。我想，今天写得不好有什么要紧的，将来可能会写好的，未来的时光长着呢，谁知道呢？即算将来也没写出什么名堂，至少他是热爱传统艺术的，可能会得到终身的熏陶，至少也算是为和谐社会作出了一些贡献吧！再不济，他以后不写，因为喜爱，他会告诉他的后辈们，学习书法是一件很有意思的事，书法艺术不就是这样一辈辈的传承下来的吗？所以别小看这一枚小小的种子，播种下去就对了，不用管他发不发芽，什么时候发芽，什么时候长大，只管种下去了就是，老子这种无为的思想是多么睿智啊！

有个家庭一姐一弟两个孩子都在我校读书，两个孩子都报名参加了书法班的学习，而且都是连续两年的学习（像这样的情况目前就有三对），非常感谢家长的信任，当然也要感谢微信朋友圈。每个报名参加书法班的孩子，我都会把我的微信号告知家长，用以交流孩子的学习情况，做到及时反馈。一天，这两姐弟的妈妈在朋友圈晒出了一件书法作品，是她自己写的小楷《兰亭集序》，作品不错，我很震惊。放大仔细看，我发现了门道，原来作品是用那种描红的纸写的，就是先有影印在上面，直接描出来就可以了，难度由五颗星降至两颗星。由于是初学，笔画还很稚嫩，但规规矩矩，极为用心，没有一两个小时怕是搞不定的。所附文字为"窗边，阳光下，一盏墨，一张宣纸，练习书法，平静自己的心情！"多么闲适的午后时光，多么美好的笔墨情怀！我禁不住点赞加送花。很快得到回复："冯老师，俩孩子交给你练书法辛苦了！"我也由衷感叹："没想到你们家这样好的氛围，难怪小家伙们都很文静。"深入交流之后才发现妈妈也是一名书法爱好者，因为有着共同的翰墨情怀，交流时感觉特别愉悦。都说练书法的女子是最美的，果真不假。这美，美在书法因为她而传承下去，传统文化就是因为有这样一群人而绵绵不息。他们不是伟人，不是大书法家，他们是一阵风，把蒲公英的种子撒遍大地；他们是火炬手，把未竟的事业手把手地代代传递。要感谢她，由她我想到了那年她遇到的那一位书法老师，一个像我一样的书法老师，一个中华文化的播种人，我想象着当年他也一定和我一样，小心地把这些神奇的种子悄悄地埋藏，静静地等待！肃立，遥致敬意……

在圈子里混久了，总是要参加一些笔会的，有的人看我的作品还像那么回事，免不了寒暄、交流。当许多人问起我的职业，我总是说我是教写字的，在云龙小学教小孩子写字的，一点也不觉得寒碜。相反的，我以自己能担当传承民族文化的重任为荣。汉字是多么独特的创造，几千年的文化，儒释道教、经史子集、自然万物、无所不包，尽纳其内。写好汉字是每一个中国人的骄傲，也是每一个中国人的责任，教学生写好汉字，就是我的神圣职责，光荣使命。

我是一名书法老师，我骄傲！感谢书法，让我的人生充满真趣！

昨夜忽然感慨万千，诗兴大发，打油一首：春光虽好苦难留，春花春水载春愁，一年当惜好时节，莫负春光叹白头。是啊，这样好的时节，这样好的平台，只有昼夜不舍，寸阴是竟，方能不负春光不负卿哪！

编者按：与颜色共舞，让想象做主。在云小的绘本课上，你就是那个独一无二的主角。绘本成了一扇打开想象力的窗，孩子们的奇思妙想都能破窗而入；绘本是一束通往世界的光，点亮了我，也点亮了你，装点了童年，闪烁了远方。

我和孩子们一起读绘本的日子

黄 可

绘本，顾名思义就是"画出来的书"，指一类以绘画为主，并附有少量文字的书籍，内容涉及文学、教育、科普等各个方面。我最先推荐孩子们看的绘本是日本佐野洋子写的《活了100万次的猫》，第一次接触绘本，不知道怎么对孩子进行指导，就由着他们自己去看，去体会，去猜想。

后来学习了窦桂梅老师的绘本教学视频，翻看一本本《小学语文教师》，凡是有关绘本的内容便细细品味，不断探索，因此我也了解了越来越多的绘本，如《大脚丫跳芭蕾》《敌人派》《我爸爸》《逃家小兔》《猜猜我有多爱你》《爷爷一定有办法》《我爱我爸爸》等等，对于绘本教学也逐渐有了些门路。

《逃家小兔》是第一本被我搬上课堂的绘本，这是一个读来让人倍感温暖的故事。它讲述了一只小兔想离家出走，幻想着自己变成了小鳟鱼、高山上的大石、小花、小鸟……而兔妈妈没有去阻拦，而是变成追兔宝宝的渔夫、登山人、园丁、大树……冒着危险一路跟随和护卫。在兔子妈妈和小兔子之间一段段富于韵味的奇妙对话，构成了一个诗意盎然的小故事。小兔的调皮可爱让我们觉得有趣，兔妈妈满满的爱让我们感动。我和孩子们沉醉在这样的课堂，感受着爱与被爱。

绘本的画面一般都很考究读者对细节的关注，该绘本中小兔和兔妈妈虽然不断在"变"，但是从画面上能看到它们的影子，如小兔变成了小鱼，可小鱼的头还是小兔子；兔妈妈变成大树，而大树是一只兔子的形状；这都给孩子提供了想象的情境。另外，《逃家小兔》这个绘本的语言相当有特色，句式都是"如果你……我就……"，于是我抓住这点，让孩子观察图片，猜猜小兔又变成了什么，兔妈妈变成了什么？说说故事的情节。活动最后，我让孩子展开想象，小兔还会变什么？兔妈妈跟着变什么才能找到她？再用上面的句式来讲述。没有了图片的约束，孩子们的想象力完全释放了，课堂气氛很热烈。在孩子们读图与讲故事的过程中我不断引导他们观察画面（包括图画的颜色，人物的表情等等），注重细节，让他们认识到绘本寓言的简洁却韵味无穷，要求孩子们也尝试用简洁的语言说故事。一堂课下来，孩子们和我都收获多多，他们收获阅读的方法与技巧，而我收获一颗颗稚嫩的童心。

在后来的几次绘本阅读教学中，我引导孩子们读绘本不仅要读故事内容，还应该阅读绘本的封面、环衬、扉页、封底等。在一次次的实践与尝试中孩子们的阅读能力有明显的提升。

绘本《最完美的王子》和《灰王子》，这两个故事都非常有趣，且都在引导孩子换一个好玩的角度来猜。《最完美的王子》中美丽的伊莎贝拉亲吻了青蛙，不但没有将青蛙变成王子，反倒把自己变成青蛙的故事把孩子们逗乐了。有了打破常规的尝试，在《灰王子》中孩子们大胆猜测故事情节，留给我印象最深刻的是方景仪续写的故事：被灰头土脸的仙女变成大猩猩的王子在赶去宴会的路上遇到了巡夜的警察，警察诧异道："该死，刚刚巡逻还没事，这会从哪跑出来一只大猩猩？"于是警察将麻醉枪对准王子，把他关进了动物园……我真心为孩子们的想象能力喝彩。

绘本及其教学在带给我思考的同时，也给孩子们带去了童年美好的记忆，这些读书的记忆必将如一束柔和温暖的光，照亮他们的现在和将来。我现在最想做的就是让各种美丽、温暖、丰富的书进入孩子们的生活，点亮他们的童年。

编者按："小器乐进课堂"是云小"艺术怡情"的一个重要突破口。如何让每个孩子都爱上小器乐，李老师可谓用心良苦，她从孩子们熟悉又感兴趣的动物入手，用动物的行为动作巧妙地将口风琴弹奏的技巧融入其中，孩子们听得可入迷啦！

口风琴教学中的趣味故事

李丝丝

"艺术怡情"是我校育人特色之一，在注重抓好学科教学的同时，为学生个性的发展搭建平台，"小器乐进课堂"成了音乐课堂教学改革的一个切入口。本着"让每个学生都学会一门乐器"的宗旨，我校为低段学生选取了口风琴（1~3年级学生学习）作为教学乐器。

一年级学生对于新鲜事物兴趣浓厚，当我带着口风琴袋走进教室的那一刻，学生们的目光齐刷刷地扫向我手中的物品，好似这琴袋有魔力一般，眼里满是新奇与期待！为了保持课堂中的神秘感，我故弄玄虚地从袋中随意抽出口风琴部件，让孩子去猜想："这会是什么东西呢？它有什么作用呢？"孩子们特别积极，争先恐后地举起小手，把自己心中的猜想一一吐露出来，听到与自己想法相同的孩子会马上附和，场面非常热闹！看着那一张张稚嫩而充满期待的脸庞，我知道，孩子们对口风琴学习的兴趣是充分调动起来了，那怎样来维持住孩子们学习的兴趣呢？

乐器学习首先要掌握的是手形，可是对于一年级的孩子来说，让他们单一的训练手指的高抬指是非常枯燥无味的。也许一开始，孩子们会很有兴趣地模仿着做，可时间一久，大部分孩子注意力就会开始分散，急需调整教学环节来调动学生的积极性。低段孩子适合故事化、游戏化的教学手段去开展知识的讲解，配合着手型的变化，我的故事也开始了：有一只大狗，好几天没吃东西了，好饿啊！看，这正是那只大狗的嘴巴，（考虑到镜面示范，我用左手五指伸缩模仿狗嘴巴），正在它四处寻找无头绪时，突然看到前方有一根香喷喷的大骨头（我右手握拳模仿骨头），大狗飞速地跑过去，一口就吃下了这根大骨头（左手包住握拳的右手）。可是这骨头太硬、太大了，根本无法直接吞下去，大狗用这边的牙齿使劲地啃啊啃（左手大拇指做高抬练习，并配以节奏性声音加入：嗑嗑），这边牙齿咬不动，它又换了这颗牙齿接着啃（教师左手食指进行高抬练习，其余手指以相同的方式进行高抬练习）。终于，大骨头被大狗吞了下去，大狗的肚子吃得饱饱的，决定在原地休息休息（左手放在桌面），不一会的工夫，大狗就睡着了。梦中大狗又梦到了骨头，正张开它那大嘴，来回啃咬着骨头（教师快速地做左手五指的高抬指练习）。宝贝们，想不想用你们的小手也来模仿大狗的嘴巴啊？

孩子们果然兴趣高昂，开始了情境中的模仿。"大狗嘴巴的手形模仿，就如同我们要弹奏口风琴的手形，大狗的牙齿就如同我们手指弯曲着触键，你会了吗？"在我的引领下，孩子们轻松、高效地完成了手型的学习。

教学的智慧是在实践中不断积累、反思而来的，我校音乐组的老师将这两年的经验加以总结，分门别类地梳理知识结构，编写了《口风琴校本教材》，以便在今后的教学中能够更科学、更系统地开展器乐教学。

编者按： 创新是一个民族进步的灵魂。机器人教学就是一个观念不断更新、思想不断碰撞的过程。而云小的老师是急先锋，是冲锋队，他们早在这条创新不断，创意不止的路上前行。

给孩子犯错的机会

刘 颖

2010年开始，我和另一位同事一起负责云龙小学机器人特色课程的教学，到现在已有六年了。在这六年的时间里，我和同事不仅收获了众多荣誉，也和孩子们一道收获了成长。

永远记得2014年带着孩子们参加湖南省机器人比赛的情景，我校选手一路过关斩将、所向无敌，最终冠亚军的争夺变成了本校"同室操戈"。虽然有点表演赛的性质了，但是孩子们却不这样认为，此时此刻，为个人荣誉而战同样重要，对比赛的重视便是对自己尊严的维护。我让其他年级组成的混合小组与六年级的组合对抗，前4场打成了2比2的平局，因为大家每天都在一起训练，对彼此的战略战术非常熟悉，比赛异常激烈，不分上下。到了决胜局，轮到混合组的小成同学上场了，比赛刚开始，小成操控的机器人就出现了状况，只能在原地打转，最终以大比分输掉了比赛。

同组的孩子都开始埋怨小成，小成也是一脸沮丧，非常懊恼。看着孩子情绪低落的样子，我只能开导他们："你们是一个团队，不要因比赛成绩不好就互相埋怨，而要认真总结失败的原因。"这时的小成已经是一副眼泪汪汪的样子，听到我的话连忙委屈地辩解："老师，是机器人的轮子出问题了。"看来这个孩子还是没有领会我的意思，习惯了失败找客观原因，这虽是人之常情，但只有让孩子真正认识到犯错的根本，才能避免不必要的失误，于是我又顺着他的话说："你在比赛前仔细检查机器人的状况了吗？连机器人不能正常行走都不知道，又怎能赢得比赛？最终的问题是出在机器人还是自己呢？"我既是在教育小成也是在教育其他孩子——细节决定成败，任何的疏忽都有可能导致全盘皆输。

孩子们默不作声了，小成也弯下腰开始认真检查起机器人。没过多久，他又小声地对我说："老师，控制机器人右边的马达电线松了。"我听了突然有点来火了，因为这是我平时强调得较多的问题，怎么还犯这样的低级错误，于是不耐烦地说："为什么比赛前不好好检查机器，我反复交代的事，你们就是不听。"因为我的语气不太好，孩子们更不敢说话了，小心翼翼地收拾着比赛用具。由于冠军还是我校队员获得，我也没有将此事放在心上。

2014年秋季开学之后，当我拿到学校机器人兴趣班的名单，才惊讶地发现没有小成的名字。虽感到奇怪，但也没有作过多思考，只是心里暗暗琢磨着可能是与其他兴趣班开班时间有冲突而放弃了吧。

每周的机器人兴趣班按部就班地进行着。有一次，我在给学生训练，突然发现窗户外有双眼睛正贪婪地盯着场地上的机器人，是小成！他的神情是那样的专注，竟然没有发觉我在看着他。我招呼他进来询问："既然这么喜欢机器人，这学期怎么没有报名参加呢？"他低头不语，两只手不停地拨弄着衣角。在我的再三追问下，才终于说出了实情，原来是因为上次的省赛没有打好，还陷在深深地自责中。我也开始自责起来，没想到那次比赛对孩子的打击如此大，让他再也不敢尝试，而我却只沉浸在比赛结果最终胜利的喜悦之中，忽视了对孩子情绪变化的关注。我决定给孩子重整旗鼓的机会，也给自己情感弥补的机会，于是和孩子约定一起备战2015年的比赛，每天的训练室里再一次有了小成奋斗的身影。

2015年新赛季如约而来。第一轮比赛中，小成第一个上场。比赛一开始，他不慌不忙控制着机器人，不是忙于自己得分，而是把场内所有的得分物品打乱。我不知道他葫芦里卖的什么药，本能地着急大喊："小成，你在干吗？"然而将在外军令有所不受，他依旧贯彻着自己的战术。比赛时间过半，对方选手开始手忙脚乱。战况出现了转机，对方的机器人得分速度慢了，而小成控制的机器人稳稳地将一个个得分物品投入指定栏内。最后，小成以大比分赢了对手。

赛后，他小心翼翼地向我解释："老师，我刚才没听您的是因为我观察了对手的机器人机型，它一次能吸5个堆在一起的圈，效率高，但是我把得分物品打散了，它得一个个吸。所以，比赛一开始，我就把得分圈打散了。"虽然刚开始我没明白过来，但现在我又何尝不知他的用意呢。我很高兴他能这样随机应变地处理比赛，并且能从上次的失败中吸取教训，不仅仔细检查了自己的机器人，还认真观察了对手的机器人，做到了知己知彼，所以才能百战不殆。那个赛季，按照小成的战略战术，我们又一次获得了冠军。

试想，如果没有上一次失败的经历，又岂会有今日细致入微的观察、全方位的思考以及最后的轻松取胜？所以，不要剥夺孩子犯错的机会，让孩子在失败的痛苦中重新审视自己，内心才能更清明，在失败的磨砺中逐渐去除那一份焦灼与浮躁，才能变得更加的沉稳与大气。

幸福，是与孩子们一起努力

李裕雯

动感的音乐，欢快的舞步，似这夏日骄阳，火热而奔放、强劲而热烈。望着舞台上闪烁的灯光，我的眼睛不禁迷离起来，孩子们精彩的表演也深深地触动着我内心那根柔软的弦。

拉丁舞表演是学校每年"六·一"文艺汇演的必选节目，也是学生个性特长展示的机会。虽说在平时的训练中我总是严格要求学生，孩子们每一个动作的位置与力度必须不折不扣地完成才算过关，对于节目的效果我还是很有信心的。可是面对成百上千双渴求的眼睛，我又不敢掉以轻心，总希望观众看到的是一次音乐与动作的完美融合。

汇演之前，孩子们都在紧张而又用心地复习着学过的舞蹈动作，一次又一次简单地重复着，孩子们开始疑惑："明明已经非常熟悉了，为什么还要反复练习呀？"我告诉她们，只有将这些动作熟记于心，你在台上才不至于怯场，才能做到胸有成竹。

当然，节目表演不仅仅只是熟悉几个基本动作就行了，还要有精彩的编排，需要记住很多新的动作，熟悉不一样的队形，不一样的音乐节奏。训练是非常辛苦的，训练的时间大都安排在孩子的课余时间，也就意味着她们是以牺牲休息娱乐时间为代价。当其他孩子静心阅读时，她们在固定着手的位置，肌肉酸痛；当其他孩子嬉戏于操场时，她们在一遍又一遍地熟悉着音乐的节奏。让我感动的是，这一个多月的时间里，40多人的队伍没有一个孩子因为辛苦而退出。当大家感到疲倦不堪时，二年级的小钰宝贝会说："虽然跳舞很累，但也是在锻炼身体，使我们拥有健康的体魄，妈妈最支持我跳舞了。而且妈妈说学一样东西就要坚持，所以我会一直学下去。"哪怕是休息的片刻，四年级的小函看到一年级的妹妹还不得要领，会主动上前问她们哪里不会，并耐心地教导。看到她们互帮互助，一起奋斗一起学习的场景，我由衷地高兴。

表演终于来了，孩子们都非常自觉地检查身上的衣服、佩戴的手环头饰，生怕有任何疏漏。高年级的孩子更是不放心低年级的妹妹，仔细检查一遍才肯放心。上台后的他们没有丝毫紧张，随着音乐的节奏，她们面带微笑，举手投足都充满了无限韵味。舞台背景灯光在昏暗与明亮间交替，她们的队形也在巧妙地变化着，时而整齐排列，时而穿梭交错。

都说与孩子们相处久了，会生发出很多情愫，有纯真、有感动、有自豪。此刻，辛苦与劳累已渐渐远去，幸福便在心底蔓延……我想，舞台上的孩子们亦是如此吧！

编者按："因材施教"是千古经典的教育原则。个性倔强，渴望被关注的孩子，老师的鼓励会如同甘霖，浇灌出灿烂的花朵。

我与小画家的故事

周晓璐

光阴似箭，日月如梭。转眼我来学校工作已三年。这三年里，我像个勇士一样，只为对得起"教师"这个职业，也为了对得起学生的一句"周老师"。

我的小画家们从一年级就跟着我一起学习美术，从画圆开始，一笔一笔地打着坚实的基础。三年里，我们已经成了好的搭档，也成了关系融洽的朋友，这其中就有一个特殊的朋友叫小谢，与他相处的点点滴滴就如同放电影一般跌宕起伏。

小谢一年级时就跟我学画画，刚刚开始我觉得他真的非常难驾驭，好比我们不是一个世界的，很难交流。有一次，他向一个二年级的小女孩借橡皮，因为别人也在用就没有借给他，谁知他立马发飙，将那个小女孩弄哭了。女孩子哭得非常伤心，我要求他向对方道歉，他不但不接受，还强词夺理，认为错不在他。我当时也有点生气，就在批评栏中写下了小谢的大名，谁知他接下来的行为让我和在场的所有孩子惊呆了……

他先是大声地尖叫，随即一个箭步冲上讲台，把自己的名字擦掉，然后用非常仇恨的眼神看着我，还用力地将我推出教室。因为他身体瘦小自然推不动我，所以他更气愤地在教室里大喊大叫，我看事态已经有点控制不住了，一把抱起他离开了教室带到了班主任办公室。说也奇怪，他一进班主任办公室就变得老老实实了，弱弱地站在那里，毫无"杀伤力"，安静地听着班主任的教导。难道是我不懂小孩子的心理，还是交流的方式不对？我开始反省自己，也开始细心观察他。通过一段时间的观察，我发现这个孩子特别喜欢老师表扬他，只要表扬他，他就特来劲，画得也非常认真。

于是，我改变了方针政策，表扬成了我制服他的"武器"，我总是无限放大他的优点，毫不吝啬地当众夸赞他。就是在这样的表扬声中，他的绘画水平越来越高，与我的关系也越来越密切。有时候，他会悄悄地来到办公室蒙住我的眼睛，奶声奶气地问我："猜猜我是谁呀？"我莞尔一笑，他那么特别的普通话我怎么会不知道他是谁呢，可我不能一下子拆穿，也温柔地说："咦？这是谁啊？我怎么猜不出来呢？""周老师，你这还猜不出来啊？我是你的儿子啊！""周老师还没有宝宝，哪来的儿子啊？""那你说，小谢是不是你的儿子啊？""不知道他想不想当我儿子？""他想啊！"然后他马上把手拿开，迅速地转到我的面前，满脸灿烂的笑容又满脸的期待。好小子，兜兜转转半天原来就为了这个，我看到了一颗可爱的童心。于是，我趁此要挟："我只要又听话又爱画画的小朋友当我的儿子哦！""好！我一定会好好画画的！"孩子笑得更灿烂了。

接下来的时间他果然非常认真，仿佛变了一个人，还养成了一个好习惯，就是把自己感兴趣的都画在绘画本上，每个月给我看一次，从绘画本上，我也看到了他的成长和进步。每周二、四的下午他都会来办公室接我去上课班级，因为我每次要带很多勾线笔、素描纸、还有电脑，所以他每次都会来帮忙。他也会拿很多的小零食与我一起分享，还会像一个小绅士一样默默陪伴着我……我看到了他倔强性格里善良的本性，孩子终归是纯真的。

虽然我表扬他的初衷只是为了投其所好，能让他乖巧温顺一点，不给我上课带来麻烦，没想到却有如此多的意外收获。都说孩子的心是最单纯的，洒以阳光必定灿烂，施以雨露必定葱翠，我想大概就是像小谢这样吧！

编者按： 拥有梦想的人生简单快乐，奋发向前；拥有梦想的生命无所畏惧，所向无敌！小小足球，成就中国大梦想！

足球梦，中国梦

何　耀

　　梦想是石，敲出星星之火；梦想是火，点燃熄灭的灯；梦想是灯，照亮夜行的路；梦想是路，引你走向黎明。我们每个人都应怀揣着梦想，因为它是我们的希冀，它引领我们奋发进取、踏平坎坷、品味成功。

　　大学时候，我性格有一些内向，不善于交流，但我是班上的体育委员，班上有什么活动我都会参加并组织，同学们也都听我的，有什么活动都会叫我一起玩。一次他们去踢足球的时候叫上了我，那天正好是周末，学校留校学生不多，操场上锻炼的人更是寥寥无几。这是我第一次踢足球，我对这个陌生而又充满技巧的运动感到新奇。当球被踢到我脚下时，所有人都注视着我，我第一次感到那么有存在感。我到现在都记得球在脚下飞奔的感觉，很奇妙，圆圆的足球在我的掌控下不断向前滚去，虽然那时的我技术青涩，但是我感到我拥有了一个舞台，一个展现自我的舞台，我的内心充满了渴望——一个男孩对足球运动的渴望，从此我便与足球结下了不解之缘。当老师后，我的兴趣变成了我的梦想，那就是让我们学校每个孩子都踢上足球、爱上足球，感受足球运动带来的乐趣。

　　上学期，我参加了湖南省青少年校园足球专项培训，学习了有关足球训练的重要文件精神和国家足球特色学校的办学经验。回校后，我赶紧将这一学习成果在校园内进行推广、普及。学校把足球课列为校本课程，不但每班每周开设一节足球课，还组织各级比赛。依据学校足球教育的现状，我想先从女足入手，于是分年级成立了女生足球队，每周坚持训练。足球的学习和训练是艰辛的。足球的技能很多，如：颠球、头球、脚内外侧运球、踏球等。这些足球技能看起来简单，但真正学习起来却比较困难，需要刻苦地练习才能掌握。就说"颠球"这一项足球技能练习吧，第一次颠球课上，很多同学都只能颠一两个，动作非常不协调，总觉得球不听使唤，好像一只调皮的猴子，在我们的脚下上蹿下跳，总是落到地上。有时由于用力过大球踢得很远，总是要不停地捡球，一会工夫就汗水淋淋，精疲力竭。很多同学很困惑也很沮丧。我发现这一现象后，及时集合，一边加以鼓励，一边耐心地再次示范，告诉学生：这个动作是需要两条腿互相协调用力才能颠得好，是需要长时间的练习反复地练习。同时适当调整学习目标，让学生感受学习足球的乐趣，感受成功的喜悦。

现在足球已成为孩子们最喜爱的体育运动，足球训练也成为学校的特色。足球梦、云小梦、中国梦，我们与孩子一起努力，一起成长！

第七章 贴心——当老师真好

老师的快乐，在于和鲜活的生命共同奏响和谐的乐章。细细聆听，花开有声；默默感触，岁月静好。也许，我们因为备课上课批改作业而忙得不可开交；也许，我们因为学困生的转变而心力交瘁；也许，我们因为自考自修赛课而茶饭不思。但太阳每天都是新的，快乐总在身旁，是与之携手同行，还是擦肩而过，全在于你的发现和体验。

编者按：一沙一世界，一花一天堂。你播种什么就收获什么，看看63班的班主任收获了些什么？

感恩缘分，不忘初心

谭 浪

2014年9月，我迎来了自己职业生涯的又一批一年级学生。他们一个个朝气蓬勃、单纯可爱，宛若一个个无邪的小天使。如今，他们已经成长为二年级的学生，在云小快乐地学习和生活。而我，也收获了一张张灿烂的笑脸和一份份真挚的师生情。

云龙小学是一个温暖的大家庭，也是一个锻炼人、造就人的好地方，是孩子们成人成才的理想学堂。我自带63班以来，压力和动力并行，使命和责任同在，确实受益良多。

收获快乐！孩子们的天真、活泼、勤奋，让我感动。运动场上有他们快活的身影；元旦汇演上有她们动人的舞姿；"云小达人秀"上有他们自信的风采；爱心实践活动上有他们温暖的付出……我作为班主任，与他们一起感动，一起快乐！

收获知识！两年来，带领这群优秀的孩子，徜徉在语文的王国里，浸润在国学的殿堂里，一起去攀登知识高峰。"教学相长"，能和这群可爱的孩子们一起成长，是多么幸福的一件事！

收获能力！匆匆逝去的两年光阴里，我亲眼目睹着孩子们从刚入校时的"小公主"、"小皇帝"成长为现在的"小淑女"、"小绅士"，从"衣来伸手饭来张口"到现在的自己穿衣服、叠被子、系红领巾、系鞋带、整理课桌……小宝贝们在收获知识的同时，也收获了自理和生活的能力，岂不快哉！

收获幸福！和孩子们在一起是快乐的，是幸福的。人们都说班主任其实带了两个班：一个学生班，一个家长班。无论是我们班的孩子，还是我们班的家长，都相信学校，相信老师，也坚信自己的宝贝是最棒的！家校合力，携手共进，在63班这个温暖的大家庭里，我感到无比幸福！

感激这群可爱的孩子们，给了我太多太多的惊喜。也许，是在语文课上，我为他们的认真和纯真所触动；也许，是在自习课上，我被他们朗诵的悠悠古韵所沉醉；也许，是在运动场上，我为他们激情跳跃的身影所感染；也许，是在金秋体育节上，我为他们的汗水里的拼搏而喝彩；也许，是在我学习回来的第一时间，我为他们意外的惊喜而心动；也许，是在班级获得的各项荣誉面前，我为孩子们的骄傲与欢呼而欣慰……

一沙一世界，一花一天堂。心若向阳，花开有时。用真心真爱去浇灌和等待我的每一个孩子的盛开。感恩缘分，不忘初心。希望宝贝们快乐学习，积极进取，在云小的百花园里尽情绽放！

编者按：幸福在哪里，幸福在哪里？幸福在那小朋友的眼睛里……在云龙小学，幸福不仅在小朋友的眼睛里，还在小朋友的行动上；幸福不仅在老师们的眼睛里，还在老师们的互帮互助上。你看——

你在幸福里，便融入幸福里

朱　佳

什么是幸福？幸福是春日的清风、夏日的繁盛、秋日的丰硕、冬日的暖阳。我很幸福，因为我每天都能面对一群可爱天真的孩子们；我很幸运，因为我能在幸福中去追求自己的人生价值。

我记得，第一次听到他们称呼我为老师；第一次听到他们赞美我很漂亮；第一次看到他们在音乐课上克服心中的胆怯勇敢地表演；第一次他们像猴子一样挂在我身上。那些美好的瞬间，给予了我太多的幸福。孩子们画中的主题是我，在他们的画里，我戴着皇冠，穿着漂亮的裙子，如公主一般。孩子们的话题里也有我，朱老师的声音可爱得像一个孩子。"朱老师今天好像不舒服，我们要更乖一些。"他们把我装在心里，有依赖、有尊重、有崇拜，但最多的是爱。我想，这就是被在乎的幸福！

孩子便是如此，你给他多少爱，他会回馈你更多。前段时间，奶奶生病住院，我接完家里的电话整理情绪后准备检查孩子练琴情况，也许无意中听到了我与家人的对话，她突然转身用大大的眼睛看着我："朱老师，我觉得今天你一直不开心，脸上都没有笑容，你肯定很担心你的奶奶吧。"说完她便像大人一样给了我一个拥抱，这个拥抱充满了力量，这股力量让我足够面对所有的难题。我认为这是幸福的力量。

　　我想记住他们的每一件小事，等我老了的时候，这些甜蜜的回忆足够可以填充我所有的孤独和寂寞。在他们的世界里，我像姐姐、像妈妈、像明星一样，认真地扮演我的每一个角色，努力诠释着，因为我深深爱着这些孩子们，因为这是我追求的幸福之路。

　　当然，在追求幸福的路途中，一定也少不了那一群真挚、善良、热心的女神们，她们给我带来了太多的温暖、支持和鼓励。不管遇到什么，我的师父谭慧老师总会说：没事，有我们在呢！她们一直像小太阳一样照亮着我的内心。第一次青蓝工程，他们毫不留情地推翻了我所有的想法，在我陷入迷茫时，他们跟我提建议，帮我改流程。每一次试课，我都会看到那双双充满期待的眼睛注视着我。好多细节我都印象深刻，害怕我紧张准备的早餐、帮我摆好的桌椅、组织学生进入教室等等，我知道我不是一个人在战斗。在这个温馨的大家庭里，我还有着一群激情四射、努力拼搏的兄弟姐妹们，他们尽心尽力地工作，用所有的爱滋润着这些孩子们。他们是我的榜样，他们教会我什么是耐心、什么是责任、什么是奉献。我想，这就是支撑的幸福。

　　在这个美好的青春岁月，在这个值得奋斗的年纪，看到孩子们的笑容，我对生活充满了热情；看到同伴们的敬业，我对工作充满了动力；我有了目标，有了梦想，有了激情！我想：人最大的需要就是被需要，做所能够做的，无所谓应当。你在哪里，就融入哪里。你在爱里，便融入爱里！你在幸福里，便融入幸福里！感谢这个家，让我被幸福环绕，我会一直追寻，追寻幸福的存在！

与你们一同成长

李 露

孩子们的世界很简单。课后呼朋引伴、嬉戏玩耍、穿梭于走廊，犹如灵动的音符，虽简单但美妙。当第一缕阳光射入眼帘，琅琅读书声在校园荡漾着、课余足球场尽显活跃的身影、葡萄架下你言我语、花草丛中过家家、睡莲鱼池旁观巴西龟，不得不说"童年，真好！"

孩子们有时躁动不安，有时静如处子。一首诗曾是这样形容他们：人人都说小孩小，小孩人小心不小，你若以为小孩小，你比小孩还要小。的确，他们的世界我们并非全懂，作为师者，传道解惑即可；但孩子们的行为品德习惯教育也一直需要我们引导陪伴。和他们相处的几年时光，有愤怒、有无奈、有辛酸、有感动、有快乐。为师者，甘为雨露滋润万物，即使孩子们任性淘气不懂事，但意料之外的小惊喜总能给我们带来一丝安慰。

近日，为赶教学进度我忙得晕头转向，孩子们也似乎感受到了这种快节奏，逐渐加快了跟随的步伐，看到我的劳累，几个女孩子会贴心地凑过来："李老师，我帮你按摩吧。"柔软的小手轻轻按在肩头，滑过臂膀，异常舒服，心中暖意大增。谁说教书是一场暗恋，如果你真的能够费尽心思去爱一群人，结果决不是只感动了自己。

为师者，孩子健康成长与快乐学习是我们一直所期望的，不仅学会知识而且要会用知识。一个阳光明媚的上午，孩子们在大课间集合时无意间冒出的一些想法让我惊讶又欣喜！"李老师，我们在太阳底下如何辨别方向呢？为什么有时候我们的人影长而有时候却比较短甚至看不见自己的影子啊？"还没等我一一解答完，有好几个孩子已经站在了操场中间示范起来："我们面向太阳升起的方向是东面，那我们后面不就是西面吗？"孩子们一拥而上，你一言我一语，其中一位男孩子跳出来说："那你的左边是？右边是？"这个问题看似难倒了他们，不过一位小女孩马上就插道："这都不知道，我们的学校不是坐北朝南吗？老师上第一单元知识就教过我们的。"

也许这些很平常的交流对话不能显示孩子们的知识层次，但足以证明他们灵活应用知识的能力，能将生活中的数学与课本所学知识紧密联系；虽然他们不能迅速无误地解决这些问题，但能做到善思好问，这些好的学习品质也正是每一名学生该具备的！即使工作一天后的疲惫堆积，但回想他们在课间的发问，欣喜立即涌上心头，累并快乐着！

时光徜徉，在平凡的工作岗位上，有披星戴月的辛劳，也有与孩子们一起成长的快乐，"桃李不言，下自成蹊"，我愿化作绿叶呵护每一朵花的绽放！

感恩在我心

龚艳兰

树叶为了报答大树对它的滋养，慢慢从树上盘旋落下；白云为了报答蓝天对它的哺育，在天空飘荡，描绘一幅幅多姿的画面。生活中，有了感恩，就多了份柔情，多了份人性的温暖。

来到云小，我第一次接触了学前班的孩子，我知道他们其实就是幼儿园大班孩子的年龄，今年是我带的第二批学前班的孩子。面对他们，我虽然扮演着老师的角色，但有时也会是个孩子王，带领他们玩游戏；有时是妈妈，关心他们的冷暖和饥饱；有时又是他们的知心朋友，分享内心的小秘密。

周二的早晨，天空下着蒙蒙细雨，我带着孩子们在教室一遍又一遍地诵读唐诗。不知道为什么，突然感到身体很不舒服，孩子们也察觉到了，顿时传来一声声问候，"龚老师，你怎么啦？"还有几个细心的孩子在大喊，"你们看，龚老师的脸好白。""嘴巴也白了。"……教室里开始混乱，我扶着讲台，强撑着身体，生怕自己在这群年幼的孩子们面前倒下，让他们不知所措，用虚弱的声音对他们说："小朋友们，请安静，老师没事！"孩子们马上安静了下来，所有的孩子都目不转睛地望着我，眼神中流露的全是担心。

这时，一个小小的身影走到我的桌子旁，拿起我的水杯递到我的面前，温柔地对我说："老师，喝点水吧，多喝点水你就会舒服了。"

这样的场景这样的话语怎么如此熟悉！这不就是平时我对孩子们经常说的话吗？孩子有点小感冒，我会摸摸他的额头，将水杯递给他："宝贝，感冒了就要多喝温开水。"当孩子在咳嗽时，我会轻轻地拍着他的背："宝贝，多喝点水你就不会咳嗽了。"也许孩子就是这样无声的被我影响着，以致在他们的头脑中已经形成了只要不舒服就应该多喝水的潜意识。所以看到我脸色苍白，浑身无力的样子，他们也做出了我经常做的举动。就是在这样的模仿中，孩子们学会了感恩。就是在这种爱的氛围中，他们也学会了去关爱别人。

孩子还是那样单纯，幼稚的心灵尚不懂辨别是非大义，真善美在他们简单的思维中还只是一个模糊的概念，但是孩子的眼睛是明亮的，他们的耳朵是灵敏的，他们亲眼所见亲耳所闻的就是他们整个的内心世界。面对着我的孩子们，我总是谨慎小心地约束着自己的言行，只希望在他们还无需接触假恶丑的年纪里多一些童话般的美好。我用博大的胸怀包容着他们，只希望在他们还不要学着去勇敢挑战人生风雨的年龄里多一些"无所顾忌"。孩子就像一面镜子，我的温柔也变成了他们的温柔，感恩于我心……

编者按： 那一声声清脆的铃声，在老师的心上泛起阵阵涟漪。你们的问候就是那金色的阳光，让冬日充满了温情。那阳光落地的声音，就是你们声声的问候。

阳光落地的声音

彭桃英

睁开惺忪的睡眼，透过厚重的窗帘，冬日的暖阳依稀照进了阳台。难得一个轻松的周末，却因为抱恙的身体而赖在床上。这几日，久不发作的偏头痛将我折腾得精疲力竭。

床头的手机唱起了歌谣，是个陌生的座机号码。刚按下接听键，一个甜甜的女声有点急切地传来："彭老师，你好些了吗？"一声突兀的问候，让我一时间没有缓过神来。可能是我的迟疑让她有些羞怯，她的声音明显又小了些："彭老师，你怎么啦？你知道我是谁吗？"孩子忘了自报家门，可是这透着浓浓关心的童音让老师一下就猜到了你——小怡可。近五年了，我们已经朝夕相处将近五年，老师怎会听不出你的声音呢？那个总是在考试的时候名列前茅的小女孩；那个在管理班级的时候精明能干的小班长；那个总是会在我不注意的时候偷偷从后面抱住我，甜甜地叫一声"妈妈"的小可爱，老师怎么会听不出你的声音呢？听到我准确地叫出了名字，你轻轻地笑了："彭老师，你的病好些了吗？昨天你没有来上课，我们都很担心你。"小班长，问候起病人来都是这么有模有样啦。你可知道，即便老师身体不舒服，可是，你甜甜的嗓音无疑是一剂良药，让老师心情愉悦呀！

放下电话，感觉真的轻松了很多。起床拉开窗帘，金色的阳光毫不犹豫地将我拥入怀里。搬一把藤椅，捧一本书，和阳台一起沐浴在暖暖的阳光里。手机再次响起，看着这个熟悉的号码，我会心地笑了。周权，那个机灵可爱的小男生啊，我知道你一定会打来电话的。因为每到周末，和爸爸妈妈一起共享天伦的你总是会送给老师一个个惊喜。一条温馨的短信，一声轻轻的问候，带给老师的却是无尽的幸福。此时，电话那头的你声音怎么没有了往日的清脆？"你怎么啦？感冒了吗？"没想到我的问候却让你抽噎出声："没有，彭老师。我就是担心你。我也很想你。"傻孩子，我们不过一天不见而已。虽然笑着骂你傻，可为什么心头那根弦在微微颤动？这赤裸裸的想念啊，触动老师的是心底最深处的温柔。

放下手机，我有些出神。回想起带现在这个班的孩子，已是第五年。期间的辛酸苦辣，喜怒哀乐又岂是三言两语可以说得完的？平日里少不了严厉的苛责，可更多的是水乳交融的默契。犹记起前日在学校医务室打吊针的时候，迷迷糊糊间只觉得床边围了好多人。睁开眼睛一看，一二十个孩子围在床头，平日里宽敞的医务室一下子拥挤了很多。看到我睁开眼睛，有些还在小声说话的孩子立刻捂住了小嘴，还有几个平日里胆小的甚至躲到了一旁，可是又忍不住伸长脖子往这边张望。看着那小滑稽样，我忍不住笑出了声。这时孩子们仿佛才松了一口气，七嘴八舌地问候起来。连平日里被我批评最多的孩子，也一脸关切地望着我。那纯净的眼神，仿佛让我的心灵也接受着洗涤。这群懵懂可爱的小家伙呀！平日里没少让我操心，我知道以后他们也还是会给我制造数不尽的烦恼。可是，在我最脆弱的时候，他们也在用自己最诚挚的心，给我送来最真切的问候。还有什么能让一个老师感觉比这更幸福呢？

手机的铃声还在不断地响起，孩子们的问候也接踵而至。阳台上的每个角落都在享受着冬日的眷顾，那一缕缕斜斜的金线就这样毫无保留地照在我的心坎。那一刻，阳光掷地有声。

编者按："这种满足感常驱使着我走近学生。"因为这是一份责任、一种天性、一个光荣的称号——人民教师。

因为有你，宁负荣华，不负春光

赵海燕

那天下午，我穿过洒满阳光的篮球场去综合楼。

三个低年级孩子正在练习投篮。我边走边微笑着看他们笨拙的投球动作，意料之外的是，其中一个孩子注意到我，她抱着球，跑到我跟前，仰起脸，兴奋地说："老师，你好漂亮！"另一个孩子也跟上来，甜甜地说："老师，我喜欢你！"

我低头打量了下自己的装扮，短衬衣，黑长裤，平跟鞋，实在朴素得很！我确信自己实在谈不上漂亮，也确信没有教她们的课。

于是我问道："老师哪里漂亮了？""老师，你不记得我了吗？上次我踢球把鞋子踢到树上，那么高的树，是你想办法帮我把鞋子取下来。你好厉害！"在他们崇拜的眼光中，我感觉很满足。

这种满足感常驱使着我走近学生。

我喜欢在课间活动时和孩子们一起踢毽子，跟他们比赛，看谁踢得更多；

我喜欢在星期天的晚自习和孩子们说说自己在周末的所见所闻，所思所想，孩子们也争着抢着说他们的想法；

我喜欢在孩子做完习题后给他们讲个小故事，也听听他们对故事人物的看法；

我喜欢给课堂上表现好的孩子奖个笑脸，让他们累积几个笑脸后到我这里来抽奖领取奖品，看着他们抽到自己心仪奖品时欢快的笑颜，内心无比满足。

……

这些精彩快乐的瞬间不断累积，充实了我原本有些混沌的内心：什么人往高处走水往低处流，人生应该有更高远的追求，不必执着于一棵树上；什么现在的孩子太难教，换一个环境吧，那样你会轻松很多又能照顾家人……这些乱七八糟的念头如天空翻滚的黑云一下子被孩子们阳光般纯真可爱的笑脸冲散……

亲爱的孩子们，谢谢你们！你们思想单纯、活泼可爱，没有做作和虚伪，总让我看到生活的美好。

亲爱的孩子们，因为有你们，我的世界也变得纯净美好；因为有你们，宁负荣华，不负春光！

第八章 用心——实践与反思

要想得到一年的收获，就种谷子；希望得到十年的收获，就去栽树；要想得到一生的馨香，就用心去育人。在云小的育花园中，有这样一群人，他们把梦想变成具体可行的目标，把每一份好心情带进课堂，把心灵的反省与洗涤萦绕心头……花园中时而丝丝春雨，时而缕缕春风，时而阵阵芳香……总是一片嫩绿而祥和的春天。

编者按：爱在教育事业中闪光。作为教育者，虽然曾经有过困惑，有过疑问，但都被一种油然而生的责任感和爱心所替代，被一种深深的使命感所驱使，这就是人民教师的伟大和崇高吧！

爱与责任

杨 梅

当清晨的第一缕阳光洒向校园的时候，我开始了一天平凡的工作。教育工作是平凡的，教师的职业是平凡的，但是面对无数求知的面孔和可爱的童心，面对自己精心呵护的幼苗日益茁壮成长，我便体会到了教师职业的崇高，体会到了三尺讲台的神圣。为了报答孩子对我的爱，更为了所有需要爱的孩子。

身为一名人民教师，我经常问自己这样一个问题：要做一名优秀的教师，应该具备的最重要的条件是什么？是优美的语言和广博的知识，还是丰富的教育教学经验？在实践中我发现：作为一名优秀的人民教师，仅这些还不够，最重要的是要有爱心——对教育工作的热爱，对同事们的敬爱，对学生无私的师爱。我认为爱心就是师德的核心内容。教师只有热爱学生、尊重学生，才能精心地培养学生；只有爱得深，才能更认真、更耐心、更细心地对学生进行教育。"爱"源于高尚的师德，"爱"意味着无私的奉献，让"爱"在教育事业中闪光吧！

新学期的第一天，两百多个活蹦乱跳的小天使踏进了云小的大门，成为了云小的一份子，一年级的老师们便开始了最艰难也最幸福的一段历程。才从幼儿园中玩乐、游戏的环境中走过，这些天使们很多还不懂得什么叫学习，什么叫考试。每天预备铃刚刚响起，一年级的老师们就已经来到了教室门口，指导孩子们做好课前准备。课堂上更是想尽一切办法，吸引孩子们的注意力。做课件、做卡片、玩游戏、搞比赛、唱儿歌……忙得不亦乐乎。一天下来，一个个喉咙都变得嘶哑，但第二天仍然充满激情地走进教室。

开学不久，一些孩子从对新学校的新鲜感中走了出来，开始留恋起家的味道。这时，每个班都会有几个特别想家的孩子。此时老师们忘记了自己的疲劳，将那些需要关爱的孩子抱在怀里，轻轻地为他们擦去脸上的泪痕，轻声细语地安慰他们幼小的心灵。给他们讲故事、聊天，和他们一起画画，陪他们一起唱歌，让他们感受到妈妈般的关爱，顺利地从家的思念中走出来。

教师所肩负的是对一代人的教育使命，这种责任和爱能超越一切，汇聚成一股无可阻挡的力量。当然，教师对学生的爱，不是无原则的，而是始终与对学生的严格要求相结合的。我们46班有个孩子贪玩、懒惰、淘气，可不好"招架"，他是科任老师们头疼的"调皮大王"。在期中考试前他加减法都不理解，那次考试只考了20多分。面对他，我有时候真的束手无策。作为数学老师，我告诉自己千万不能放弃，他的身上一定有突破口，只是我没有找到罢了，我相信自己一定有办法改变他。期中考试之后，我坚持利用每天的课余及放学时间对他进行辅导。记得那一天，我一连上了三节课，喉咙干得好像能喷出火来，真想好好坐下来休息一下，当我看到身后那个小尾巴，一脸虔诚地捧着没有写完的练习册来到办公桌旁的时候，我只好咽下一口水，强忍着疼痛慢慢地给他一题一题地讲解。终于，功夫不负有心人，通过一个月的努力他在第二次月考中考出了60分，这个分数虽然还很不理想，但对于他来说已经是巨大的进步了，全班同学都为他感到高兴！

从他的进步中，我看到正因为教师的坚持与爱，才会有成功的喜悦；正因为有成功的喜悦，所以我对教育、对学生更加充满爱的情感。真正的教育，正是这种爱与创造永无止境地良性循环。

"谁爱孩子，孩子就爱他，只有爱孩子的人，他才能教育孩子。"

教师应用自己博大的爱去温暖每一位学生，同时这种爱的付出也是有收获的。记得教师节那天，我收到了许多孩子的贺卡，看着那一幅幅笨拙的图画，一句句朴实的话语，刹那间，孩子们纯洁的心、圣洁的情、深厚的意净化了我的心灵，激起了我对教育事业深深的爱，我真正地体会到了一个教师最大的幸福和快乐。我感到自己是一个生活在花丛中的人。

当我望着孩子们一双双渴求的眼睛，就像置身于灿烂的星空之中，在这片闪烁的星光里，我将找到清澈如山泉的真、善、美。老师们，为了太阳底下最光辉的事业，让我们携手并肩、风雨兼程、勇往直前吧！

编者按：在未来，遇见最美的自己。有梦想就有未来，有信念就有动力，云龙小学的老师常常在思索，也常常在反刍，如何才能实现真正的教育梦想。思想不孤单，行动就会有力量。让我们一起见证他们的成长。

拥抱梦想，遇见未来

谭　浪

一个人在高山之巅的鹰巢里，抓到了一只幼鹰，他把幼鹰带回家，养在鸡笼里。这只幼鹰和鸡一起啄食、嬉闹和休息。它以为自己是一只鸡。这只鹰渐渐长大，羽翼丰满了，主人想把它训练成猎鹰，可是由于终日和鸡混在一起，它已经变得和鸡完全一样，根本没有飞的愿望了。主人试了各种办法，都毫无效果，最后把它带到山顶上，一把将它扔了出去。这只鹰像块石头似的，直掉下去，慌乱之中它拼命地扑打翅膀，就这样，它终于飞了起来！

这个故事，让我沉思良久。扪心自问：现实生活中，有多少人，如我，如你，因为惰性，生生阻断了自己对梦想的追求？又有多少人的璀璨梦想，在平平凡凡中，在庸庸碌碌中，折戟沉沙，黯然失色？

想起开学之初，"放飞梦想"的主题班会课上，63班孩子们在谈及自己的梦想时，那一张张神采飞扬的笑脸，那一句句掷地有声的话语："我长大以后，要当一个钢琴家！""老师，我想当一名发明家！""老师，我以后也要当一名老师！"……看着孩子们那一张张因兴奋而涨红的小脸，我不禁莞尔。而我的心，也和孩子们一起欢呼着，雀跃着。

欣慰于孩子们的胸有大志，却在反躬自省时深感汗颜。平心而论，来云小已近八年时间，这八年的时间里，我亲眼目睹了云小的乘风破浪、誉满三湘，也为自己是一名云小人而倍感骄傲与自豪！但同舟共济中，我也只是尽力做好了自己的本分，却忘了自己最初的教育梦想。回首前路，多的是按部就班、因循守旧，却唯独少了对梦想的大胆追求、开拓创新。

生于忧患，死于安乐。成长的路上，不容许返航；岁月的波涛，推着我们前行。我们若能有像孩童般看待生命的态度，不要对自己的生命设限，那么梦想，绝不会仅止于梦想而已。

拥抱梦想，才能遇见未来。真正的梦想是，我们对教育人生的一种期望。真正的梦想是，我们期许的一种生活方式，而不是我们想拥有的东西。真正的梦想是，我们想成为什么样的老师，教育出什么样的学生，而不是我们要挂在门面上的头衔。真正的梦想是，我们个人发展出来的格局、视野，而不是外在华丽的标签。

愿我们每一位云小人享受梦想的过程，充满雄心和斗志，充满兴奋和喜悦，走过更美好、更充实、更幸福的教育人生。

让梦想变得清晰可见，把梦想变成具体可行的目标。谁说，我们的梦想，不可能实现?!

编者按：一根小树棍引发的思考，从怒气冲冲到心平气和，让我们看到了老师的变化。人非圣贤，孰能无过。但有错能改，善莫大焉。

一根小树枝

贺 婷

"丁零零"，就餐铃声响了，我同往常一样，强调每天必讲的安全事项后，还特别提出了今天晚餐后不可以去操场玩，因为地面潮湿，容易摔跤。吃过晚饭，我像往常一样坐在办公室工作，还没多久，就有人来告状了，几个男孩子争先恐后地说："贺老师，你快来看！豪到后花园去玩了，手里还拿着树枝追别人，好像要打人。"豪是一个个性十足的男孩子，是我们班的调皮大王，古灵精怪的他特别逗人喜欢。而此时的豪在我眼前却是另外一番景象：脏兮兮的双手握着一根长长尖尖的棍子，脸上还带着刚刚在玩耍时没来得及褪去的开心。顿时我火冒三丈："豪，你过来！"狼狈的他慢慢地向我走来，眼神里似乎还有一丝沉浸在玩耍中的快意。看到这个玩得忘乎所以的他，再看看他手中的长而尖的树棍，我又庆幸：如果他一不小心把人划伤该怎么办？我立马拿过他手中的树棍狠狠地摔在办公桌上，开始我的训话："你把我的话当成耳边风了吗？""……""我每天强调不能玩危险的东西！不能做危险的事情！万一你用棍子不小心弄伤了哪个小朋友，你想过后果吗？""……""我有没有说不可以去教室后面的草坪玩。讲！有没有？"我越讲越来气。"说了。"豪小声地回答，他一直低着头，仿佛他只要一抬头就会被我凶狠的眼神吃掉。

"抬起头来，看着我！"当这张小脸再次抬起来的时候，刚才的开心已经荡然无存，我看到了他眼眶里晶莹闪动的泪珠，这眼泪又让我觉得心里酸酸的，便软下心语气平和地问了起来："你们所说的后花园好玩吗？不知道现在这种天气那里的地面是湿的吗？为什么还要折这根树枝呢，它还等着春天发芽呢！"

豪听了这话哭得更厉害了，只听他断断续续地说了句："贺老师……""别哭，慢慢说，让贺老师听清楚。""你……呜……你，你不是说过要一根树枝做板报吗?这是我在后花园的树下捡的。"此时孩子的这句话让我想起了上周五放学时的情景，当时因为学校就要进行班级文化评比了，我准备用一根树枝粘在板报上，增加立体感，于是在放学时我随便说了句："如果你们在路上看见小棍子、小树枝就捡起来，用来布置教室！"

看着眼前这个脚下沾着泥巴眼里还含着泪花的孩子，我是多么的感动，同时又是多么的自责。他那双眼睛似乎无声地提醒我，为什么处理事情的时候不先冷静下来，不信任他人，不给学生一个解释的机会？这根树枝可能在别人的眼中算不了什么，看起来还像是打人的武器，可是在豪的眼中它却是准备送给老师的最好礼物！可以想象，他拿着那根长长的树枝，想着送给我时的激动心情，以至于在草坪上捡它时弄得满鞋是泥都没关系，可能他还设想过他送的时候老师会怎样表扬他。可我却把孩子的满怀期待，当成了重大错误，甚至只顾说教，体现自己的权威，而完全没有给孩子解释的机会。这双哭泣的眼睛中，分明充满了委屈，我却只是责怪。如果我最后不心平气和地问他，我就不会知道孩子心里的这个善良的想法，不明真相的责怪将会给孩子的心灵造成多大的伤害？孩子可能再也不敢向老师示好，那么以后师生之间就会产生一道很难逾越的鸿沟。

"豪，贺老师谢谢你的树枝，因为这根小树枝我们班的板报肯定会更漂亮，贺老师刚刚凶了你，所以把你给弄哭了。贺老师现在也要批评自己，我们拉拉手，都不许生气，不许哭鼻子了，好不好？记住，这种天气还是不要去草坪玩啊！""嗯！"豪点点头，脸上也没有之前的委屈了，我拿着纸帮他擦擦脸，气氛马上到了很高的和谐指数，他也很高兴地去寝室换衣服了。

我笑了，是呀，孩子的世界无小事，所有的小事对孩子来说都是大事。老师在小事上有正确的观念，不误导孩子，就是帮孩子成就了大事，孩子也会以做大事的气魄回报老师。听孩子说明理由，也许只要一分钟的时间，可是这样的机会，却诠释着什么是爱和宽容。同时也告诫自己，以后无论是面对豪还是其他的学生，当看到的和听到的，与自己的理想状态相差甚远时，先压压火，记得给孩子一个解释的机会。

一位哲人说过一番耐人寻味的话：天空收容每一片云彩，不论其美丑，故天空广阔无比；高山收容每一块岩石，不论其大小，故高山雄伟壮观；大海收容每一朵浪花，不论其清浊，故大海浩瀚无比。在短暂的生命里程中，学会宽容，意味着你的人生更加快乐。让我们宽容地去对待我们的每一个学生；让我们能走进学生的心灵，去触摸，去感受学生们眼中这片多彩的世界；让教育也如春风细雨般地滋润学生的心田，那我们的教育就和谐而甜美了！

"逗比"，网络语老词新意，可博学多才的语文老师却会错了意。这可好，发生了什么呢？

都是"逗比"惹的祸

朱红果

到现在，我的脑海里还一直浮现着"老魏"那张胖乎乎、红通通的小脸，那一脸的委屈、低落已深深刻入我心里，挥之不去。越回想我越后悔，后悔自己当初在课堂上的自以为是，后悔自己一时冲动下的浅薄莽撞。

那天，我决定利用语文课与孩子们一同学习《杨氏之子》。为了让他们在小学阶段的第一次文言文学习有个良好的开端，早自习我就要求他们反复读了此篇课文，不久，一些孩子便可熟读成诵。我心里暗喜：今天的语文课应该有好戏唱，第一次畅游文言文，精彩值得期待。

课上，我对孩子们在诵读时出现的几处停顿错误进行了纠正，将多音字重点学习了一番，便开始理解起文意来。一切似乎都进行得特别顺利，与我预想的几乎不差毫厘，我有些得意起来。他们在回顾了以往学习古诗的方法后，讨论了几分钟，有孩子便三三两两地举起手来就自己对课文的理解进行交流。接着，我们进入了对于杨氏之子的评价环节。预想，孩子应该此时能顺理成章地想到杨氏之子聪慧、有礼。可他们并没有体会到人物对话中体现的机智巧妙。第一个孩子评价了杨氏之子顽皮。看样子孩子们还没有真正走进杨氏之子，看看下一个的回答。虽然当时我有些心堵，但还是盼望着下一个孩子能想到杨氏之子的聪慧有礼。这时，班里的大嗓门"老魏"开声了。别看这个孩子长得胖乎乎的，可平时脑袋瓜总能冒出几个点子来。也许感觉到了我对于刚才同学的回答有些不满意，他想着自己大显身手的时候到了，还没等我叫起他回答，就开始在座位上大喊："老师，我觉得杨氏之子是个逗比。"似乎担心别人没有听清楚，他在座位上又再次大声重复。同学们听了先是一愣，接下来便是一阵哄堂大笑。见到此景，我心中的无名火马上冒出来了。好家伙，本想盼来一个救场的，没想到出来一个闹场的！看我不好好杀杀这家伙的锐气。我当下脸就拉得老长，直接把老魏叫起来。"逗比？老魏啊，网络名词你倒是掌握得不错嘛。"接着，我马上转脸问向其他同学，"同学们，你们听过这个词吗？你知道它是褒义还是贬义？"我的这一串连珠炮让孩子们一时没有反应过来，只有几个孩子稀稀疏疏地回应我，"老师，当然是贬义。""那用在这里形容杨氏之子，合适吗？""不合适。""老师，我其实不知道'逗比'的意思。""老魏"马上插进来一句。"好家伙，你这个看不清场面的家伙，什么都没搞清，就在课堂上乱说一气，存心让人下不了台，看我不好好治治你！"我马上向他发难了，"你连意思都不知道，竟然敢在这里乱用。词语褒贬都不分，也不怕出洋相。看看吧，语文学不好，自己成逗比了吧。"同学们听到我这一番话，马上就哄笑起来。老魏这时一句话也没说，脸涨得通红，不再争辩什么，低下了头。我似乎觉得此番还不过瘾，接着补了一句，"同学们，记住了，大家以后千万别学老魏，连词语意思都弄不清，就乱用，这样容易闹笑话。"

　　课后，我回到办公室，还在得意地回味自己今天又成功处理了一个调皮捣蛋的案例。等我缓过来细想时，发觉有些不对劲。自己刚才的处理似乎并不是那么回事。"老魏"被我嘲讽后的模样一下子冲进了我的脑海，我赶紧百度了一下，看完自己开始后悔了。"逗比"一词是网络语言，原本是调侃别人很二。后来渐渐演变成了一个中性词，也可指给人带来快乐的开心果。文中的杨氏之子如此聪慧有礼，语言巧妙，让成人听来难道不会心中一乐？"老魏"评价杨氏之子是个"逗比"也并非完全不着边。如果当时我在课堂上能缓一缓，从孩子的立场出发，追问他为何这样评价杨氏之子，也许孩子就有机会说出自己对于人物这样评价的理由。课堂的插曲就不会成为伤害孩子的箭矢，相反可以让孩子尽显天真率直，我再借机引导他们进一步走进人物，他们对人物的解读就能更深一层。这样两全其美的事怎么就被我自以为是地搞砸了呢？想到这些，我有狠狠抽自己两下的冲动。

这时，我突然想起了前一段时间学习王崧舟老师到杭州师范大学讲座中的故事。他在讲述中提到了在一堂公开课上，一个孩子评价邱少云烈火焚身时说邱少云是傻瓜，王老师没有直接否定孩子，而是站在了孩子的立场处理问题。他先对孩子的想法表示理解，然后借着这个契机让孩子说说想法的理由，最后再通过与其他孩子们交流，引导他们学习邱少云的精神。这样的处理之法，不但成就了老师的精彩课堂，更关键是保护了孩子，成就了他的成长。再想想自己的所作所为，我怎么就没想过如王老师这样智慧地处理呢？如果我也能站在"老魏"的角度，让他说说自己对于"逗比"的理解，也许今天的课堂会是另一种面貌。

为人师者，经常在教育教学中遭遇很多不可预料的情况，有时因我们不能智慧处理而让其演变成遗憾的故事。如果老师能怀揣着对孩子的理解、尊重和爱，就能让每一次遗憾都变成智慧的瞬间。为了让"逗比"不再出现，从现在开始，从孩子出发吧，让每一次课堂都成为传播智慧与爱的经典。

编者按：每个人都有多面性，小孩子虽有时调皮捣蛋，但天性中善良纯真的一面总是在不经意间就展现出来。"非常自我"的彬彬就是这样一个孩子，但"生活中从来都不缺乏发现美的眼睛"，你看，彬彬就是这样一个内心纯真的孩子。

高压锅里爆米花的味道

肖谢女

"你所看到的那个他，难道真的是那个完整的他吗？"

他叫做彬彬，是我接任"临时班主任"时班里的一个孩子，说实话，那时候由于自身工作经验的缺乏，刚开始时我确实没有能够很好地去及时、仔细观察班级里的每一个孩子，于是，在刚开始的几个星期里，在我的印象中彬彬只是一个被同学们叫做"小胖子"的憨憨小男孩。

可没想到就是这个貌不惊人的小胖墩彬彬却是个"小高压锅"，出其不意地"吓了我一大跳！"

那是一个星期五的周末放假时间，由于彬彬前一天的练习题还没有完成好，于是当他姐姐来接他时，我与他进行了沟通，我和他姐姐一致认为：希望彬彬能够不拖欠作业，完成了再回家。谁知，一向在我眼里可爱的小胖子彬彬却突然发了飙，他气愤地歪着头坐在位子上一动也不动，任凭怎么劝他都不动笔，这时他的姐姐忍不住了，开始指责他，说回去以后一定要向他妈妈告状。谁知，话还未落音，彬彬从椅子上"腾"地一下站了起来，还没等我们反应过来，他就冲出了教室。我们找了好一阵子才软磨硬泡地把他拉回了教室，经过安抚，他总算愿意完成作业了。

后来通过和彬彬妈妈电话沟通，才得知彬彬是家里的小弟弟，从小就比较任性和自我，脾气性格也比较暴躁，彬彬妈妈愧疚地叮嘱我，一定要严格要求彬彬。

"彬彬你来回答这个问题。""彬彬你作业怎么错这么多？""彬彬下课来办公室默写。"从那以后，办公室里总能听到我对彬彬的"耳提面命"之声。

正当我把这个"小高压锅"作为班里的重点对象进行辅导时，另一件事，却让我发现了这个孩子最纯真的地方。

记得那天是搞大扫除的日子，班里负责卫生打扫的小组正在打扫，那夏日的炎热尚未褪去，我和孩子们都大汗淋漓，彬彬一个人背着垃圾桶出现在了我的眼前。我见他准备下楼，突然想到："今天不是彬彬这一组搞卫生呀？"于是我把他叫住询问，他有点儿害羞地说："小凯是个小个子，我怕他拿不起会摔跤。"听到彬彬这样的回答，再看看他汗湿了的小背心，我才发现这个妈妈口中的"有些自我的孩子"，我眼中的"小高压锅"原来是一个这么善良的孩子呀！那一刻，我的心仿佛被世界上最柔软的东西给碰疼了。

"你所看到的那个他，难道真的是那个完整的他吗？"现在，在遇到其他孩子时，我都会反反复复在心里默默地问自己这个问题。诚然，在这个光怪陆离的社会，会有形形色色的"彬彬"出现，可是，从完整的角度去看待一个孩子，以美好的方向去观察一个孩子，我们都能看到，其实每个孩子都会像天上的彩虹一样绚丽。谁能说，高压锅里的爆米花味道会不好呢？

编者按：真正关注孩子的成长，善于发现他们的长处，让他们扬长避短，健康快乐成长一直是教育者不断追寻的目标。其实，宽容又何尝不是一种教育的智慧呢？

可爱的你，可爱的生命

刘金花

很喜欢杨千嬅在电影《可爱的你》中面对为追求教育利益而失去人格的同行说的一句话："教育是用生命去影响生命！"当我听到这句话时思绪万千，泪水止不住流下脸庞。回顾我近二十年的教学工作，有苦有乐，有收获也有困惑，感受比较深的就是：真正关注孩子的成长，善于发现他们的长处，让他们发扬长处，克服短处，健康发展。

一直以来，我认为教书首要的一条就是管住学生。要想管住学生，就得先给学生一个下马威，不然的话，学生不怕你，以后你的工作就开展不下去了。去年，我刚刚接四年级时，我决心在班级同学面前树立一下自己的威信。一次，我正在兴致勃勃地讲课，大家说得头头是道，我也暗自高兴。我请一位同学回答我的问题时，我发现他的同桌正低着头，瞧他的神态，心思早飞到九霄云外了。顿时，我的内心涌起一丝不满，决定借此机会"杀鸡儆猴"。于是，我放慢讲话速度，慢慢走到他的身边。全班同学都明显感觉到我的变化，教室里的气氛一下子凝固起来了。这个同学也感觉到了这种变化，看到我就站在自己的身边，脸一下子涨得通红。我立即请他重复一下我的问题，他听到我叫他，他连忙抬起头环顾四周，然后扭扭身子，慢吞吞地站了起来，低头看了看书，又抬头看了看我，课堂上出现了短暂的沉默。很明显，他思想开小差了，不知我们讲到哪题了。我暗自思索：

是让他坐下去了事呢？还是继续？他自知没有认真，不知道老师提问的内容，而且又不愿意承认，只能用沉默来表示认错。

我耐住性子说："请你把题目读一遍。"我认为作为老师，我已经将姿态放到最低，给孩子们足够多的自尊和面子，只需要他读一遍题目即可。可谁知他脸涨得通红，牙齿紧紧地咬住嘴唇，仍然低头沉默。看样子，他的表情拒绝了我给他的面子，周围的同学也开始了窃窃私语。我暗自提醒自己：耐心！"那你刚才在干什么？"我拼命压住心底的怒火，"你能把题目读一遍吗？"我知道，我的声音变得严厉了。"快说呀……"旁边的同学也觉察到了不对劲，开始悄悄提醒他。可他抬了一下头，看了看我，又低下了头。从他的口中，始终听不到我想要的声音。这个孩子用自己极强的自尊心捍卫了自己的尊严。殊不知，这样的方式伤害了老师的尊严。但从内心深处来说，我关心的不是自己为师的尊严，而是他是否已经认识到自己的错误了？

最后，我以"坐下吧，下课自己好好想想！"结束了这段"对峙"。

看来教育孩子不是一朝一夕的事情，它不仅仅需要学校、老师的不离不弃的智慧教育，还需要我们有一颗宽容的心。教育并不需要太多言语和计较，因为我们面对的是一个个鲜活的生命，只需用自己高尚的人格去影响那一颗纯净的心就足够了。

编者按：一直以来，教育者总是不断地赏识孩子，表扬孩子，寻找孩子的闪光点，倾听他们的心声。创造着一个又一个的教育奇迹，曾老师也是其中的一位。

一封神奇的表扬信

曾　柳

2014年下学期，我接手了二年级两个班的数学教学。与高年级的孩子相比，这群低年级的娃娃们更加活泼可爱，他们对新鲜事物充满了好奇心，课堂上总是热情无比，高高地举起小手抢着回答问题。跟他们天天相处在一起，我仿佛也变得年轻又充满活力，一天工作下来，回忆白天孩子们可爱的点点滴滴，心间总是溢满幸福！

可惜美中也有不足，经过一段时间的教学，我发现有少数几个孩子对数学学习不太感兴趣，学习习惯也不好，课堂上开小差、做小动作的现象比较严重，小志就是其中一个。

开学第一周，我就发现小志总在其他孩子做课堂练习时趴在课桌上一动不动，一个字也不写，我走过去轻敲他的桌子提醒，他也无动于衷。在接下来的观察中我更是发现，这个孩子在其他同学认真听课时，他总是沉浸在自己的世界里画画、玩橡皮、玩尺子，甚至有时还和身边的同学去打闹，有几次都弄得同桌哭哭分分地跟我投诉，几次批评教育他也没有大的改善，看到这种情况，我心里真是又急又气！

我找到班主任肖老师了解这个孩子的情况，肖老师告诉我，其实这个孩子很聪明、很善良，会主动帮人打扫卫生，老师不舒服时还会主动关心。课堂上爱动，甚至有点爱攻击人，其实是因为身体原因。听到这些，我对孩子的怒气瞬间消失了，内心充满的是对这个孩子的爱怜。我想，我该怎么帮助这个孩子呢？提醒、批评显然不奏效，试试鼓励行不行呢？

我们班有一个"奖小花赢表扬信"的激励活动，课堂上表现好的小朋友会得到老师奖的小花，我根据孩子们得花的数量每周进行一次评比，得花比较多的就能获得表扬信，我会在每周五放学前贴在教室的门上，孩子们会去找然后高高兴兴拿回家。我决定要寻找机会表扬小志。于是，我在课堂上采用"开火车"的形式让孩子们做一些简单的口算题，当他回答正确时，我马上抓住机会好好表扬他一番。受到表扬的孩子果然不一样，这一周，他终于有了进步。周五评比时我在门上贴了一张属于他的"进步之星"表扬信，期待着看他拿到时喜悦的样子。果然，获得第一张表扬信的小志无比兴奋，拿着这张表扬信马上向班主任报告喜讯，作为老师的我心里也乐开了花。在接下来的数学课上，小志就像换了一个人，变得非常积极，问题总是抢着回答，课堂练习完成得又快又好，获得的表扬信也越来越多。

小志的改变，让我内心充满了喜悦和幸福，也让我对教育有了进一步的思考。正如著名特级教师王崧舟老师所说：教育的生活就是同情的生活，优秀教师就是有情怀的教师。我们应该蹲下身子，倾听孩子内心的声音，用爱来创造一个又一个教育奇迹！

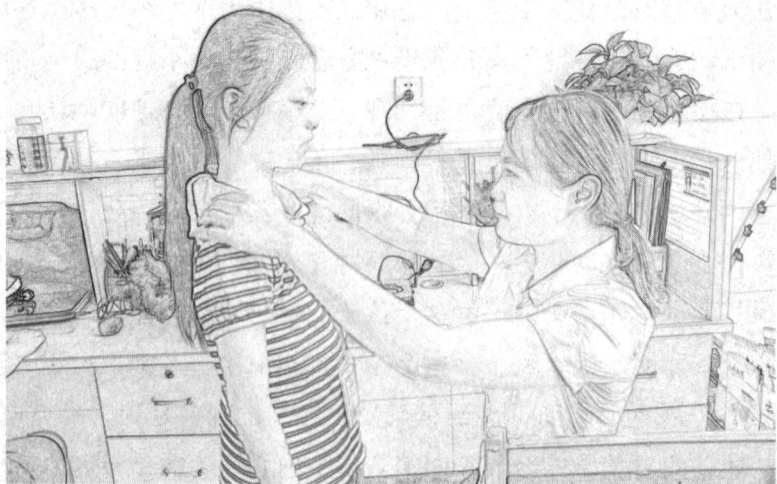

编者按：一个有智慧的老师定会晓之以理、动之以情与孩子们斗智斗勇，灵活巧妙地处理一些课堂的小插曲，让课堂继续进行。课堂中总会出现没有预约的精彩。

为倔强的孩子找一个向下的台阶

黄　霞

从教20年以来，在小学教育这方阵地上，可谓身经百战。每每遇到学生成绩不好，学习态度不端正，或是学生调皮顽劣，屡教不改，我都可以凭着我软硬兼施、晓之以理、动之以情与孩子们斗智斗勇，每次都收到了我所预期的效果，直到发生了这件事。

41班的彭同学，多才多艺、品学兼优，是同学们学习的楷模。印象中，从四年级我教他数学开始，我们之间从没有闹过矛盾，他学习主动、数学思维敏捷、书写整洁、遵守纪律，各方面的表现可圈可点。对他，我是很放心很喜欢的。六年级了，面临升学择校压力，我和孩子们都紧绷着一根弦。那天，进行了一次数学测试，彭同学考试发挥失常，只考了73分。当我把试卷发下去，马上有学生报告，说彭同学把试卷撕了。我当着全班同学说："不满意自己的分数，也不能采取这样过激的行为啊！明天要进行试卷讲评，请你重新抄好一份试卷给我。"第二天，我检查他抄写的试卷，他一个字都没写。还听说他晚上在寝室里大闹。这是什么态度？我震怒了。我把他叫到办公室，让他抄，并对他的行为进行再一次地批评指正。他一句话都不说，也不抄，一直流眼泪。我是好的坏的说了一箩筐，他依然不为所动。显然，这孩子的犟脾气犯了是几头牛都拉不回了。怎么办？我只好搬出杀手锏：请家长。他这才心不甘情不愿地抄起来，不过书写极端马虎。我是气不打一处来，他抄，我撕；再抄，再撕……如此这般对峙了一节课。本来只是一件小事，却愈演愈烈，这样下去怎么行？我强压下自己的怒气，慢慢冷静下来。其实让他抄试卷并非我的初衷，也不是教育的目的。我在心里问自己：怎么处理？对着干不行？在学生面前认输更不行？无数的想法在我的头脑中穿梭。我看到办公桌上摆了一本《江声乐园》，顿时计上心来。我知道彭同学爱数学，更喜欢挑战难题。我说："与其我们这样浪费时间，还不如做点有意义的事吧！这道题，你能帮我解决出来吗？"这招果然立竿见影，我看到他眼睛一亮，迅速擦了眼泪，就开始做题了。一边做题，一边跟我讨论，完全忘了我们刚才的对峙和"苦大仇深"。一道习题竟然让我们化干戈为玉帛，我们又是充满默契的学习伙伴了。成功地解决了这道难题，我摸着他的头说："很有数学天赋啊！我还有很多难题需要你来帮忙呢！"他破涕为笑，对我敬了一个军礼说："黄老师，我错了。我现在马上把试卷抄好，然后再帮你解决其他的难题。"我们相视一笑，所有的不快，烟消云散。圣诞节那天，我收到了三年来他送给我的第一件礼物：一个平安果，我知道这件礼物对于我和他有多重的分量。捧着这个平安果，千滋百味涌上心头。想想，苦口婆心、恩威并施几十分钟，换来的是孩子更强硬的对抗。只要换一种方式，抓住学生的心理，避重就轻，也许所有的问题就能迎刃而解了。其实，每一个倔强的孩子，他们需要的仅仅是一个他乐于接受的向下的台阶。

　　教育，是教师与学生的一场交锋。在教育的途中，我们需要爱，更需要智慧。

编者按： 教育家说：微笑是活跃课堂的润滑剂；老师的微笑就像一座情感的桥梁，能让学生在轻松愉悦的课堂中喝下科学的乳浆。瞧瞧，李老师做到了"微微一笑很倾生"。

微笑的力量

李婵希

我们说：微笑是一缕清风，让人神清气爽；微笑是一首赞歌，让人难以忘怀；微笑是一泓清泉，让人饮之甘甜。诗人说：微笑是阳光。教育家说：微笑是活跃课堂的润滑剂；老师的微笑就像一座情感的桥梁，能让学生在轻松愉悦的课堂中喝下科学的乳浆。

从教几年以来，我非常热爱自己的职业，也很爱自己的学生。在我的眼里不管是基础好的学生，还是基础薄弱的学生，活泼调皮的学生，文静可爱的学生都是上天送给我的一个个小天使，让我陪伴他们成长，让我带着欣赏的眼光来看自然这个伟大的艺术家雕刻的艺术品，也让他们变得更加光亮。正因为这样，我喜欢用笑容感动着孩子，潜移默化地影响着孩子。

你们瞧！通通又折了些树叶在操场上玩，坐在图书吧里观察着这些稀奇古怪的叶子，这已经不是一次两次了。我走上前打趣地问："通通，这叶子从哪里飘来的啊？"他连忙把树叶藏在后面用带着北方腔的普通话紧张地说："老师，不是飘来的，是我从树上摘的。我觉得这些树叶像一条条小船，所以摘下来看看。"我又笑着说："原来通通想像达尔文一样当一名生物学家呀！那能不能去摘树上的叶子呢？树木也是有生命的，你把它的枝叶摘下来它会感到疼痛。如果你想观察树叶，下课后站在树的旁边仔细观察仔细研究，将来你很有可能成为一名生物学家呢!"我的话一说完他就说:"老师,对不起,下次再也不会了。"转身把树叶放回花坛里,从那以后经常可以看到他在花坛旁边观察树叶,偶尔也会把课间餐水果的种子埋在地里,还开心地告诉我:"老师,以后种子会长成大树,好大好大的树。"无论是课后还是在课堂上,我都努力地保持着愉悦的心境,用微笑和幽默去化解一些令人棘手的事情。我深深地明白:惊蛰是春雷,化雨才是春风。

春天的课堂是"特困生"的课堂,尤其到了第四节课,春风一吹孩子们情不自禁昏昏入睡,很多时候叫醒他们后又慢慢往桌子上趴。这一次我不是提醒孩子们在课堂上不要睡觉,而是用幽默风趣的语言加上夸张的动作对孩子们开玩笑说:"你们又和周公约会去了呀?快来和李老师约会吧!"顿时教室里响起了一片笑声,孩子们的瞌睡立即醒了,还有些在睡意中的孩子听到教室里的笑声也立马睁大了眼睛,开始认真地听起课来了。微笑不也是一味兴奋剂吗?

微笑的力量不容小觑,不是要你强颜欢笑,而是发自内心的微笑。微笑需要老师有一颗宽容大度的心,开朗的性格,热爱学生的心。在今后的教学生涯中我还会带着微笑继续前行,在学生心目中做一个真正的"微笑老师",引领孩子们健康快乐地成长。

第九章 有心——学科教学

　　只管走过去，不必逗留着采了花朵来保存，因为一路上，花儿自会次第开放；只管演出，不必留意演出是否精彩，因为一出戏，总会有让人怦然心动的情节；只管耕耘，不必在意收获硕果来珍藏，因为只要有心，付出总会有回报。这不，云小教师的魔袋里装着期待，课堂中问出精彩，测量中量出智慧，学会轻声彰显出教者的睿智……

"魔袋"的故事

胡珊陈

在阳光明媚的日子里，人的心情总会特别愉悦，这时我总喜欢带着我的"魔袋"进教室。之所以称之为"魔袋"，那是因为只要带上它，孩子们的积极性就特别高，纪律也会比平时好，孩子们聪明的大脑无时无刻不在思考。

到底是什么"魔袋"呢？还请听我细细说来，只要是需要孩子动手操作的课，都会请它来助阵，你能猜到它是什么了吗？

培养学生的空间观念是孩子们在小学阶段的学习难题，有的时候孩子们不能理解，很难在脑海里想象这个是什么，这个图形从左面以及上面观察又是什么样的图形。所以，我决定还是先用实物进行教学，然后慢慢地让孩子脱离实物进行空间的想象。

今天这节课，我又将"魔袋"拿进教室，孩子们可高兴了，一个个坐得笔直，静静地等待我把"魔袋"里的东西拿出来。待每组拿到属于自己组的东西后，我给孩子提了第一个问题：用四个小正方体能摆出多少个不同的立体图形呢？要求正面得是三个小正方形的图形。孩子们迫不及待地开始了小组合作，我在行间巡视，每个人都融入其中，每个人的创意还都不同。后来请孩子展示的时候我又问了一句："那你们摆了这么多，是摆在这个图形的什么方向呢？"小章马上起来答道："我知道！前后随意摆！""是吗？"我提出质疑，"要不你来试试，大家当个见证者，看看你说的有没有理。"小章兴致勃勃地上来了，把自己的想法展示给大家看，嘴里还嘟囔着："你们看呀！摆在前面，不管左边、中间，还是右边是不是都没有改变这个物体的形状。"孩子们不由自主地点了点头。他继续说道："摆在后面的左面、中间以及右面是不是也可以呀？""是的！"孩子们异口同声地答道。"观察得真仔细！我喜欢这样敢大胆展现自己想法的孩子。"教室里响起了雷鸣般的掌声，我把他说的话稍微改动板书在了黑板上：不改变物体所看到的形状，我们可以将物体摆在立体图形的前面和后面。

紧接着我给出了第二个问题：如果再增加一个同样的小正方体，要保证从正面看到的形状不变，你可以怎么摆？比一比，哪组的速度最快，摆法最多？有了刚刚的经验，孩子们赶紧从魔袋里又拿出一个正方体摆弄起来，而且速度更快想法更多了！这么多种方法，如何才能做到，不重复不遗漏呢？很快就有人给出了答案：像这样五个正方体，需要确定四个再去摆其他的正方体，这样才能做到不重复不遗漏！孩子们在不知不觉中学会了有序地思考问题。

看到孩子们享受成功的喜悦的同时，我也是心情美美的：看来魔袋的作用不容小觑呀！相信孩子们也更期待我们的"魔袋"多进教室吧！看到这，你能猜猜下次被我请进教室的"魔袋"里会装着什么吗？

故事浸润人生

刘金花

"就这样，爱迪生用了1600多种材料，一次次的试验，一次次的失败，很多专家都认为电灯的前途暗淡。英国一些著名的专家甚至讽刺爱迪生的研究是'毫无意义的'。爱迪生面对失败，面对所有人的冷嘲热讽，他没有退却。他明白，失败乃成功之母，每一次的失败意味着又向成功走近了一步。"台上谭飒正用她那抑扬顿挫的声音慷慨激昂地讲述着发明大王——爱迪生的故事。台下一片寂静，大家聚精会神地聆听着这位伟大的科学家是如何在一次次失败中成功地发明了电灯泡。

自从在课前五分钟开展讲科学家的故事以来，孩子们非常地踊跃，争先恐后地想要上台为大家讲述他们心目中的科学英雄。课前每个孩子都会精心准备，选取他们最喜欢的故事进行排练。为了达到更佳的效果，有的孩子还积极征求老师的意见，看着他们一个个较真的劲，着实可爱。每次上台时，同学们都会给予他们的小伙伴热烈的掌声，于是你会看到在原来还有些许紧张的神情中瞬时多了几分自信。

"老师，我觉得他的声音还要再大点。"

"老师，我认为他选的故事不够生动，要通俗易懂点就更好了。"

"老师，我要向他学习，他的声音洪亮，非常有感情，听得我都入迷了。"

"老师，爱迪生真是太牛了！我也想要当一个发明家！"

……

小家伙们听完故事后，总是能发出各种各样的感慨，还能对小伙伴的演讲进行有模有样的"专家点评"呢！在一次又一次的演讲中，我越来越享受这美好的五分钟，孩子们对这五分钟也是格外珍惜。"老师，今天是谁讲故事呢？""老师，下节课让我先讲行吗？"看来，课前讲科学家的故事已经深入人心了。

每个孩子都热爱故事，他们在故事里发现，在故事里成长，在故事里沉醉。他们叹惜为了捍卫真理、传播科学，许多科学家甚至献出了自己的生命；他们敬佩为了理想科学家们废寝忘食日夜研究；他们欢呼一项项伟大的发明终于问世。科学家的故事带孩子们走进科学世界，了解科学家在求知的道路上不懈追求、勇于探索的精神。

在实验课上，当他们的实验不成功时会想到爱迪生为了发明电灯曾做了2000多次试验，那自己的一两次失败就根本算不了什么。我会和孩子们一起分析失败的原因，在失败中总结经验。当他们在观察事物不能持之以恒时，会想到达尔文在研究《物种起源》时用尽了一生的心血，李时珍为了编写《本草纲目》不畏艰险尝遍百草；当他们对自己失去信心时，会想到牛顿、爱因斯坦这些科学巨匠，他们在小时候也曾遭受过别人的嘲笑但并没有放弃，以此来激励自己更加勤奋努力，他们坚信"天生我材必有用"。

真正的科学家是能够历经时间的考验的，他们在历史的长河中沉沉浮浮，最终沉淀为一粒粒珍珠，在阳光下熠熠生辉，光耀千古。当他们汇集在一起，就搭建起世间最美丽的科学殿堂。我与孩子们一起，欣赏才华、感悟真理，感受同一节奏的心跳，与他们共同成长进步。

编者按：如何指导学生写好一篇作文？这恐怕是大多数语文老师的难题。不过，你看，李老师的作文课可好玩啦！

你若开心，我便幸福

李超利

　　忙忙碌碌中，我和这群孩子携手走过了两年累并快乐的时光，终于迎来了充满挑战的三年级。三年级即将开始作文练习的征程。面对作文教学，游刃在教学旅途几十年的我，还是有太多的惶恐和不安。我担心孩子怕写作文，不敢面对挑战。

　　这不，一日又将进行作文教学。汲取了名师优秀的作文教学经验，我准备开启第一次游戏作文。为此，我特意从水果店买来几十个橘子。

　　铃声响起，我笑眯眯地走进教室，发号施令：孩子们，请把桌子上所有的东西都收起来，什么都不留！等他们全部收进去后，我又问："你们有什么问题要问我？"孩子们的小手争先恐后地举起来，"老师，上课怎么不用书呢？""老师，哪怕上作文课也要拿个作文本呀？"……

　　"老师，我知道，这节课玩单手剥橘子比赛！"消息灵通的黎小雅帮孩子们揭开了这个谜。

　　于是，我在黑板上写上了游戏的名称，并口头陈述了一下游戏的规则。等我发橘子时，孩子们就有一点急不可待了。但我还是挥了挥手，告诉孩子，必须是分大组进行，并且要仔细观察伙伴们的表现，及时留意自己的感受。

　　游戏开始，教室里沸腾起来，孩子们不知有多开心。第一大组首先进行，只见王梓康平时做事比较慢而且十分讲究，半天也没有撕掉几块皮，边撕边喊："李老师，这怎么撕呀？"我笑而不语，心想：这就是习惯惹的祸。正在沉思时，"老师，我剥完了！"我一看，是咱班可爱的姚智强，嘴巴鼓得大大的。满嘴衔着橘子，还没吞下去，看那滑稽样子。我忍不住哈哈大笑，决定跟前三名合影留念。

正在照相时，第二大组的孩子早已在那跃跃欲试，摩拳擦掌。"李老师，快一点，快一点！"我不得不发号："开始！"教室里再次欢腾起来，只见曹奕涵一边撕橘子皮，一边吃，我捧腹大笑。更有很多可爱的孩子，脸上一片狼狈，平时的斯文和守纪律早已抛至九霄云外，很多孩子的脸上沾满了橘子汁，我笑得直捂肚子。最终，可爱的淑婷和熊涛获得并列第一名。

第三大组又开始了，聪明的孩子们有了经验，平时能干、活泼的李梦婷三下五除二就把橘子皮撕掉，一口吞进嘴里。我不由得竖起大拇指："女汉子，59班的女汉子！"

下课铃响起，孩子们依然沉浸在橘味之中。第二节课，我趁势问孩子：你想到了哪些词语？孩子们平时积累的成语派上用场了。"七嘴八舌"、"欢声笑语"、"哈哈大笑"、"迫不及待"、"欢呼雀跃"……

周五放学后，很多家长向我反映，孩子们回家便眉飞色舞地讲述着在学校发生的故事，有了材料，孩子们便轻松地完成了这次习作。

最为搞笑的是姚智强宝宝，比赛中他得了大组第一名，妈妈问他："孩子，你怎么不写你得了第一名呀？""妈妈，这是吃东西呢？不好意思嘛！"我听后，不由得哑然失笑。

这些点滴汇聚起来也不过是浪花一簇。但是学习路上，孩子，你若开心，我便幸福。沿着写作之路，我们一起努力！

编者按：学科教学中散发着浓浓的爱国情，"立德树人"落实在了每一堂课、每一个细节、每一次对话中，为老师们点赞。

老师，我可以叫"祖国奶奶"吗？

王慧南

"同学们，刚刚我们一起分享了国庆节的一些见闻。其实，国庆节就是我们祖国妈妈的生日，今年我们的祖国成立65周年，也就是说祖国妈妈65岁了。"

"65岁，啊，我奶奶也是65岁。那应该不是祖国妈妈，而是祖国奶奶了。老师，我可以叫'祖国奶奶'吗？"

"是啊，祖国奶奶，祖国奶奶！"

"孩子们，我们通常把祖国称为妈妈，是因为祖国就像妈妈一样哺育着全国各族儿女。"

……

这是国庆节后的一节《品德与生活》课，课题是《我们的国庆节》。为了上好这一节课，国庆前，我让家长配合孩子们查找、收集有关国庆节的资料。孩子们准备得很充分，很多同学带来了国庆节的相片、视频、文字等资料，课堂上他们发言很积极，把国庆假期里的所见所闻说得头头是道。但是，对于为什么要庆祝国庆节，国庆节到底是什么，孩子们还不是很清楚。

那天正好是一个孩子的生日，家长送来一个大大的生日蛋糕，于是，我灵机一动，从孩子的生日说起，说到了祖国妈妈的生日。可是随着孩子们"祖国奶奶"的声音此起彼伏，我一时间真有点不知如何应对。"祖国就像妈妈一样哺育着全国各族儿女"这句话肯定让孩子们不知所云。

对于小学一年级的儿童来说，祖国还是一个非常抽象的概念。按照心理学家皮亚杰的观点，孩子要到 12 岁才能真正理解祖国的含义。难道我们要等到那个时候才能对他讲述自己的祖国吗？当然不是。让孩子从感性上去理解祖国，从形象思维的角度去理解祖国，不但是可能的，也是将来他从理性角度去深刻地理解祖国所必需的重要准备。

为了让儿童对自己的国家有初步的认识，教材以国庆节为切入点，通过了解人们庆祝国庆的各种丰富多彩的活动，通过学生自己参与各种活动来激发其热爱祖国的情感。因此我确定的《我们的国庆节》一课的主要目标是：

1. 知道我国的国名与国庆日，感受人们欢度国庆的喜悦之情。

2. 以自己喜欢的方式表达对祖国的热爱。

《品德与生活》课程标准指出：课程以儿童的生活为基础，以儿童的现实生活为课程内容的主要源泉，以密切联系儿童的主题活动和游戏为载体，以正确的价值观引导儿童在生活中发展，在发展中生活。

让儿童从感性上去理解祖国，从儿童的生活入手，这个儿童的生活不是成人眼里的儿童的生活，而是儿童现实世界中真正的生活，他们自己实实在在的生活，没有成人的想当然，更没有成人强加于儿童的道德意识。

在一年级的孩子眼里，祖国就是一个人，跟爸爸妈妈爷爷奶奶一样的人，因此，当他们听到在"祖国妈妈"65 岁就马上想到了自己 65 岁的奶奶，于是"祖国奶奶"脱口而出。

让孩子们以自己喜欢的方式表达对祖国的热爱，让孩子们把抽象的祖国看成一个具体的人，这一点孩子们肯定很容易做到。妈妈和奶奶都是孩子们生活中最亲近的人，在他们看来，祖国的"年龄"与奶奶更相仿。当然，我们之所以称祖国妈妈，是为了体现出母性，祖国像母亲一样哺育着全国各族儿女，可一年级的孩子能够理解吗？温柔的妈妈和慈祥的奶奶在他们的心目中都是亲近的，都是可爱的，我们为什么就必须要孩子们分清楚是妈妈不是奶奶呢？

都是爱祖国，叫声"祖国奶奶"又何妨？

编者按：哇！这么喜乐的课堂，完全就像游乐场。不用老师再刻意地激发，孩子们的热情早已如火山般喷发。小小的课堂，已经成了欢乐的海洋，这难道不是谭老师的魅力所在吗？

老师，我来量！

谭 牡

学习完米、分米、厘米、毫米后，为了让孩子们能更加深刻理解这些长度单位，我安排了一节实践活动课，让孩子们测量课桌、铅笔和数学书或是身边其他物体的长度。大家兴致高昂，纷纷拿着自己的尺子跃跃欲试。待我一声令下，教室里沸腾了，孩子们兴趣盎然。五分钟后，测量完的孩子开始汇报，小手一个比一个举得高，说得头头是道，一张张小脸涨得红彤彤的，嘴巴笑成了朵朵小花。那些还没有测量完的孩子着急了，有的站起来，有的跳着脚，有的甚至爬到凳子上，高举着自己的手："老师，我也想说，你等会儿我，我马上就量完了！"

"课桌、铅笔、数学书都量过了，我们再找找别的东西量一量吧！不如这样吧，有人能量一量谭老师的腰围吗？"我笑着说。

"我来，我来！"教室里顿时炸开了锅，班上的女汉子李梦婷一马当先，她拿着尺子，飞快地跑到我跟前。只见她用手按住尺子的一端，任凭尺子在我的肚皮上翻着跟头，在我腰上比划了许久，最后皱着眉头说："老师，我的尺子是直的，可这腰围圆圆的怎么好量呀？"

"是呀，可怎么办呢？我们又没有软尺，这可怎么量呀？"我的话音刚落，班上的小机灵文子怡噌地站起来："老师，我来量！我用手就能量出来了。"

此时，教室里一片寂静，大家的眼睛瞪得圆圆的，看着她用手一拃一拃沿着我的腰围爬着，刚爬了一圈后，她就报出了答案："老师，您的腰围大约是7分米。""呀！答对了！你可真是太厉害啦！快来和我们说说，你是怎么量的呀？"我假装问道。"我的手一拃大约是1分米，我刚才绕着您的腰围一圈正好是7拃，所以就是7分米。"子怡有理有据地说。

顿时，掌声响起来了，笑容在我们脸上绽放开来。是呀，"天高任鸟飞，海阔凭鱼跃"。这是多么棒的想法，多么棒的孩子呀！

编者按：这是个神奇的国度，有三位不同的将军，他们有的骁勇善战，有的奸诈狡猾，有的胆小爱吹牛，你想看他们如何消灭"敌人"的吗？请来谢老师的数学课堂吧。看将军们快意"杀敌"，驰骋沙场。

数学王国的故事

谢　姣

前几周我们刚刚学完"一位数除三位数的除法"，很多孩子对于刚接触的知识总是需要一段消化的过程。在上巩固练习课时，我发现还有很多孩子对于这个算式的意义不是很清楚，什么时候需要用被除数的前两位数去除，什么时候直接可以用被除数的最高位上去除，总是有点混淆。我心里也急，"怎么办啊？"这时我看到一个孩子在看课外书，灵机一动，"为什么不用故事的形式教学生呢？"

心动不如行动。第二天在上练习课时，我这样对学生说："孩子们，今天老师给你们带来一个小故事，在神奇的数学王国里，住着三位将军，大将军骁勇善战，每次除掉敌人，他总是走在最前面，他的名字叫百位；二将军奸诈狡猾，名字叫十位，每次当百位找他帮忙除敌人时，他总会提出一个条件，那就是每次的战利品必须全部归他；而我们的三将军就是我们认识的个位，胆子最小，但最爱吹牛，每次打仗，他总是等到百位或十位除得差不多他才出来。现在你们想看看他们是怎样打仗的吗？"

这时，孩子们一个个都坐得端端正正的，异口同声地说："想！"看到他们的积极性都被调动起来了，我便趁机说："那就请你把眼睛睁大仔细看咯！"

　　我立即在黑板上板书"236÷4"并在其下面列上竖式，边写边介绍道："今天这三位将军要去除掉数字魔王4，所以百位将军带的兵器是2，十位将军带的是兵器3，个位将军带的是兵器4。"然后，我问孩子们，"在这个算式中百位虽然是大将军，它必须先除，但它够除吗？如果不够怎么办？"孩子争先恐后地说"找二将军帮忙。"这时我马上引导孩子："那战利品（商）归谁?""二将军。"孩子们答道。

　　我顺势引导："所以我们这个竖式上的商应该写在十位上，而余数就写在十位下面。这时我们的三将军也出来，因为我们都知道，他胆小爱吹牛，所以每次打仗，他总是等到百位或十位除的差不多他才出来，并联合着十位上的余数接着除，除完后把战利品（商）带回家，挂在自己的数位上。然后逢人就吹牛说魔王是他除掉的，所以以后再遇到这种情况一定要把个位上的数写下来与十位上数合起来再接着除。"

　　孩子们明白了，接着我又板书"894÷6"并用同样的故事去引导他们。告诉孩子们，这时的大将军不需要二将军帮忙，所以战利品归自己，那商就写在百位上，十位想得战利品就必须自己去除，个位也是同样如此。

　　其实在数学课堂中，我们都知道计算课是最枯燥的。但是，在这堂课中，孩子们的笑声充盈在整间教室，每双眼睛都是紧紧地跟随着我。下课后，我听到有几个孩子在说："原来竖式也可以编成故事来讲，真是太有趣了！"甚至有的孩子还兴冲冲地把故事讲给其他老师听，看着他们讲故事时脸上洋溢着快乐和满足，我的心里也觉得无比的快乐和满足。

编者按：**编者按：**"坚持信念，你一定可以成就精彩人生。"一步一个脚印的努力，一笔一画的坚持，这就是一个美术老师的铿锵前行之路。

爱上美术

谭　璨

　　爱上学美术。每每看到孩子们去上兴趣活动课时蹦蹦跳跳的背影或是洋溢在脸上的灿烂微笑，我都会莞尔一笑。不止一次地和同事们聊起："你瞧！她们多幸福！"也不止一次地想象过如果我也是当中的一员该多好。思绪飘飞到N年前，当时我还只是一个小学生，并不理解什么是美术，什么是兴趣，只知道那时的我下课后就会照着小人书里的图画不断地画啊画啊，无论吸引过来的小伙伴怎么询问我都只是笑笑，那是我小时候最自豪的事。进入师范，班主任谢老师是美术老师，他精湛的画功立马吸引了我。美术是我最期待的课程，美术室里最后离开的永远是我，他教什么我就学什么。从那个时候起，我知道了什么是素描，什么是国画，什么是水彩，什么是水粉……我对手工尤其感兴趣。记得读师范二年级的那年夏天，为了创作一幅布艺作品，我拒绝了期待已久的初中同学聚会。闷热的天气里，我不敢开风扇，一个人，一整天，待在自己的房间里埋头苦干，直至晚餐前听到妈妈焦急地对邻居阿姨说："我妹子不会是得了自闭症吧？从昨晚到现在除了吃饭就没出来过，问她也不吭声……"我捧着完成好的作品往妈妈面前一蹦："好看吗？"那可能是我第一次完全独立创作的手工作品吧？只记得凭着它，我在学校得了一等奖；凭着它，我也在走廊里的展柜看到了我的名字，它与众多美术特长生的作品摆在一起。

爱上教美术。懵懵懂懂的我就这样毕业了，那年我未满十八岁。一同分配来的几个同行者无一例外地当上了班主任，当大家都在猜测自己教什么的时候，我被告知教语文和英语，据说那时农村奇缺英语老师。好吧，开启教学之旅！闲暇之时画画简笔画，年轻教师四功比赛居然获得一等奖；放学后和学生们一起出"庆国庆"专题黑板报，获得一等奖；一次英语赛课，赛完后老师们跟我说："你这些教具真漂亮！"我哑然失笑，这可是我自己亲手制作的呢……从此以后，学校的美术宣传窗归我负责。两年后，教一年级语文和美术，一年级的孩子太闹，我就利用中午的时间带他们学古诗画古诗，一个学期下来居然集成一本厚厚的册子……三年下来，适逢县、市开展"艺术百佳"比赛，我带着我班几个孩子从县里比到市里，居然也取得了一些成绩。于是我们还报名参加了省"艺术展演"活动，那年湘潭县"杏坛之星"赛课活动开展，校长对我说："语文科比赛的人太多，你去教美术，好吗？"我淡然地答应了。谁也不会想到，回到房间的我是怎样的欢呼雀跃，我的美术教学航班由此起航！多次外出学习让我明白美术课原来可以这样上，三年的"杏坛之星"教会了我如何将新课标新理念贯穿到教学实践中去，长期的儿童画培训让我和孩子们一起沉浸在想象的天空、遨游在自由的海洋……学校也因此有了美术室、手工活动室，虽然简陋，但我们在这里学习，其乐融融。

与孩子们一同成长。一次偶然的机会，我走进了云龙小学这个美丽的大家庭。在我眼里，这是一个生活的乐园，艺术的殿堂。"艺术怡情"是学校的办学理念之一，"让每一块墙壁会说话"是校园文化布置的宗旨。这里的每一个艺术老师都极为专业，这让不是科班出身的我有些自惭形秽，但是因为热爱所以执着，三年后送走毕业班我又回到了我所钟爱的美术教学岗位。云小有着广阔的自由天地，有着卓越的精英团队，我在心中暗暗发誓：我要与孩子们一同成长！48班的小项，一个单纯得可爱的孩子，他没有进过美术班，却特别喜欢画画，我叫他"小画家"，他叫我"大画师"，叫完后我们总是相视一笑；49班小刘，画画得特别好，可是几次下来都没有涂颜色，通过观察我发现她根本没有彩笔，下课后，她小声告诉我妈妈在深圳上班，走的时候忘了买了。望着她怯怯的样子，我立马将工具箱里彩笔送给了她，从此她的世界有了颜色；50班的许娃，一个让老师们头疼的角色，据说经常挨批评，一次美术课我对他说："你挺有灵性的，如果静下心来说不定会有奇迹发生哦！"从此以后我的身边多了一个小秘书，只要是他班的课，准会在课前就到我办公室来接我……孩子们永远是天真而充满灵性的，与这些精灵一起生活，一起学习我很快乐。

"坚持信念，你一定可以成就精彩人生。"一位知己曾经对我这样说。是的，在美术教学这条康庄大道上，我一定会坚定脚步，执着前行……

编者按：你会写诗吗？你会作曲吗？如果你不会，请你来吴老师的课堂！让想象的翅膀带你飞翔，小桥流水的诗情画意、纵横捭阖的酣畅淋漓、诙谐幽默的恣意洒脱，你都能拥有。

不可小看的想象力

吴 浪

又到学诗歌的章节了，一想到这些我的头都大了，本章节是六年级第六单元的内容"与诗同行"，有诗经、唐诗、宋词、元曲、现代诗。为了让孩子们能对这些感兴趣，我也是绞尽了脑汁，如学《诗经·采薇》，在孩子们利用注释知道大意之后，我向他们介绍当时的背景，让他们猜测当时人物的心情，这样他们就知道为什么"杨柳依依"，为何"雨雪霏霏"，能深刻地感受到作者当时的心情。如教《西江月·黄沙道中》，这首诗句意易懂，可学生除了知道大意，似乎对大诗人辛弃疾并未完全佩服，于是，我便设计了这样的环节：让他们还原当时的画面，通过想象，加上自己的语言，勾画出当时的情景，这样一来，一幅宁静、和谐的乡村夜景便展现在我们面前。趁机我便问孩子们，明明是安静的环境可我们在诗中却到处可见表示"动"的词语，这是为什么？这样一来，他们便理解了诗人以动衬静的手法，自然对作者是佩服至极。

教了前面两节课后，我开始觉得孩子们好像也没那么讨厌诗词了，我也稍作了下总结，可能就是这想象的发挥让我们尝到了甜头。于是在学现代诗的时候，我便更加乐意用此方法了。为此我还着实佩服了他们一把。

上课开始了，学现代诗《致老鼠》和《爸爸的鼾声》，孩子们很喜欢，因为诗歌把生活中很多我们意想不到的东西，甚至讨厌的东西也想得很美。我便告诉他们，其实我们的生活中处处有诗歌，只要你们大胆想象，下一秒就可以诞生一个诗人！孩子们一听兴致极高地问：真的吗？在他们不信任的眼光下，我用幻灯片出示了这样的句子：沙漠，地球的沙漠是黄色的，它吞掉的是绿色的希望。修正液的沙漠是白色的，它吞掉的是黑色的错误……请续写诗歌。一看到这，孩子们便个个跃跃欲试，有的说墨水的沙漠是黑色，他吞掉的是洁白的纸张……我趁热打铁说：你们说的都是看得见的东西，谁能说说与这些不一样的呢？这时一只小手举起来了，小声地说道：利益的沙漠是黑色的，它吞掉的是红色的良知。这话一出，我很诧异。这家伙真不错，思维打开了。在他的启发下许许多多的想法都蹦出来了，有的说：时间的沙漠是灰色的，它吞掉的是彩色的童年。这样一来，孩子们在我的表扬中更开心了，都说玩得不尽兴，我便又给他们一题：车窗，像一个电视机屏幕，闪烁的山峰，美丽的街道和（　　　　　）轮流上电视。（　　　　　），像（　　　　　）（　　　　　）和（　　　　　），轮流（　　　　　）。顿时教室安静下来了，我还在想是不是有点难度，正在我沉思之时，就有几个孩子争先恐后地向我汇报：车窗像一个百音盒，潺潺的流水，喧闹的街市，清脆的鸟鸣，轮流播放。另一个不甘示弱地说：车窗像个魔法屋，调皮的云朵，挺立的大树，巍峨的大山，轮流变换。看到他们一个个叽叽喳喳，我内心满心欢喜。觉得孩子们的想象力真的不可小看，比我们成年人要丰富得多。

丰富的想象力，大胆的想象，对孩子们来说真的很容易，关键在于老师有没有很好地利用。我想以后我一定会好好运用和发挥，因为我已经尝到了成功的滋味。

理解是前提

冯媛媛

我曾看过这样一则笑话：

一个人参加完数学考试，别人问他："那个3乘以7的题，得多少？"

他说："谁知道，我不管三七二十一，写了一个二十八。"

笑话毕竟是笑话。可是笑过之后，似乎又留了点什么？

每当在备课时，我便想到了这则笑话。五年级科学教材中有一课——《我们的大脑》，里面有很多关于大脑语言功能的专有名词，让身为老师的我都难以理解，何况是学生？单让学生死记硬背，他们记住的仅是几个专有名词而已，很难真正运用到生活中去。虽说这些知识就算现在不理解，今后也自会明白，但那也只是随着学生的知识量增多而逐渐理解的。我自己也明白不能理解的东西，却要学生强行接受，囫囵吞枣有何用？！就像那则笑话一样，明明熟悉乘法口诀，却不能解决这个乘法算式，这不就是不理解造成的吗？

晚上，我上网查阅了各种资料，想象自己是学生，会这样理解知识。这使我茅塞顿开。第二天，在课堂上，我将课本中的四个专有名词（听性语言中枢、运动性语言中枢、视运动性语言中枢、视性语言中枢）概括为四个字：听、说、读、写。"听"即听性语言中枢；"说"即运动性语言中枢，并引导学生理解：我们要用嘴巴说话，嘴巴在说，说明了我们的肌肉在运动，因此我们取名叫"运动性语言中枢"；"读"意为阅读，用眼睛阅读，即"视性语言中枢"；"写"意为用眼睛看，手做运动来书写文字，即"视运动性语言中枢"。学生经过我的一番讲解，渐渐地理解了这四个专业术语的意思，并能准确地运用到练习中，这就是理解的重要性！

教育者，传道授业解惑也。作为一名教师，能将学生从未知的世界带到已知的世界中去，让他们感受到知识的博大深远，这是我最欣喜的地方。我愿意坚持走下去，和学生一起大胆探索、理解未知的世界。

编者按：用舞蹈来了解世界，用舞台来体会自然之美。舞蹈不仅仅是几个动作，更是生活的所思、情感的升华，有这么有心的老师，云小的学生真幸福。

托起雏鹰，领舞幸福

冯 珂

夏天是最多姿多彩的季节，从春天的一抹新绿到夏天的浓墨重彩，无不彰显，这是万事万物最热烈、最热情的季节。看那花朵在万紫千红地盛开，看那杨柳在微风中摇曳生姿，看那鸟雀在蓝天白云下翱翔，这给我的舞蹈教学带来了无限的遐想和感触。

每年的"六一文艺汇演"是我校展现特色教育的舞台，为了排好六一文艺汇演的节目，我四处寻找着灵感。一个闲暇的午后，我再次翻阅这本《舞蹈教育学》。随着工作时间的增长、阅历的增加，随着教学实践活动的开展，我有了新的感受、新的体会。如果说以前读这本书我更关注的是舞蹈技能的培训、舞蹈水平的提高、舞蹈潜能的挖掘以及非常具体的舞蹈动作的编辑、设计、组合的话，那么这次读书，我最大的感受是舞蹈与美育的关系。因为我通过长时间的舞蹈教学实践发现，儿童的美育与舞蹈有着莫大的关系。一个儿童如果在美感方面十分敏锐，就会延伸到舞蹈方面，知道什么是美，就会知道什么是形体美、姿态美，动作就会非常舒展，表情就会非常生动，舞蹈就会有着打动人心的力量。

在平时舞蹈教学中，我除了特色风格的舞蹈动作的教学、训练之外，重点对孩子们进行美感的培养。舞蹈课上，我用了大半时间来引导孩子们去观察和思考自然界的美，带领他们欣赏山川树木、飞禽走兽的各科视频。从自然美到姿态美，从颜色到线条，我并未单纯地讲述理论，而是列举一个个美丽的现象，拿出一幅幅美丽的图片让孩子们产生广泛的联想，让他们踊跃地回答我什么是他们见到的最美好的事物，并从孩子们千奇百怪的答案中抽离出其美好的一面，逐渐培养孩子们对美好事物的观察、分析能力及模仿力。改掉一味的表情僵硬的表演形式，让孩子们养成从心理感受自然地传达到肢体的表演，虽然这是一项长期工程，但也取得了短期的明显效果。

《舞起幸福鼓》这支舞蹈表现了新疆人面对幸福生活载歌载舞的场景。学习舞蹈之前，我给孩子们展示新疆风光图片，让孩子们想象穿着美丽的民族服饰，吃着甜甜的提子，拿着手鼓快乐地聚会场景。体会这种大自然和生活的美好，鼓励孩子们用自己的方式来表现内心的感情，并加以适当地引导。在这支群舞中孩子们用肢体语言正确地表达了该民族的风格，特别是他们的笑容感染力十足，孩子们的舞感以及表现力有着飞跃性的进步。有这样一群孩子我感到骄傲，她们不仅是专业上有飞速的提高，她们的团结、懂事、善良更是让我感动。在"六一"表演的当天，孩子们6点半就在教室排好两队，安静地整理自己的发型、表演服，静静等待我帮他们化妆。希希边梳着发型边组织不会梳的孩子排队："不会的同学排我后面，等下我帮你们。"莉莉一言不发地帮着调整小演员们的服装、头饰。小枝和贝贝俩开始给小演员们化底妆。当我看到这一切，我觉得再辛苦也是甜。当天38人的妆在1个半小时内解决。一心帮孩子化妆的我，压根忘记吃早饭了。突然小朱走到我旁边笑眯眯地讲："冯老师请张口"。她双手托着食堂的早餐蛋炒饭正准备喂我，我愣了一秒，便享受着这幸福时刻。伴随着这群宝贝一起成长实在是太幸福呀！

托起雏鹰，领舞幸福。作为一名舞蹈老师，帮助孩子们用舞蹈来了解世界、体会自然的美，用一个教师的心灵和优雅的身姿来领着孩子们一起进入五彩缤纷的舞蹈世界，正是我义不容辞的责任。

编者按：向榜样学习，向先进看齐。李老师的课堂上，就有不少这样的小榜样，他们发挥了什么作用，小伙伴们又学了什么呢？

榜样的作用

李丝丝

郭羿含是69班一个非常可爱的孩子，对她的关注要从那次音乐课寻找最动听的声音说起。

一年级孩子表现欲望强，都渴望得到老师对他们的肯定。当时，我播放音乐，请同学们随乐演唱，我巡视并寻找班级小歌手，比一比谁的声音最动听！这话一出，孩子们个个精神抖擞地准备开唱。当我走到郭羿含小朋友面前时，就传来一种清脆悦耳的声音，让我惊喜万分，我像是发现新大陆似的，对着他的眼睛直放光芒。学生演唱结束后，我先是不点名的大肆夸奖一番，调足学生的好奇心，到底是谁能得到这个"小歌手"的殊荣呢！同学们相互之间讨论着，我慢悠悠地从讲台上走下来，同学们看到我走动的方向，眼睛直勾勾地看着我，期待着我的邀请。当我停下来后，我感觉到学生那种屏住呼吸的紧张感，我故弄玄虚地说道："小歌手就是，就是，就是——郭羿含小朋友！掌声欢迎她上台，我们大家一起来聆听她的美妙歌声吧！"郭羿含小朋友欢呼雀跃，自信地站起来，满面笑容站到了台前。"准备好了吗？"我轻声询问道。她大方地点点头，竟然开始闭眼酝酿情绪，好似每一秒都在表演一样！音乐起，孩子随乐轻点着小脑袋；前奏过后，清脆悠扬的歌声响彻整间教室。同学们听得非常入迷，教室中除开她的歌声外，静得出奇！歌声回荡着，久久萦绕。音乐停止，同学们自发地鼓起了雷鸣般的掌声！我由衷地感叹，一年级就有如此震撼的表现力，今后肯定是声乐方面的好苗子，艺术百佳的比赛就是她下一个展现自我的平台。

"你们知道她的歌声为什么这么好听吗?"我反问道，孩子们很认真地注视着我，特别想知道答案。我不紧不慢地说道："因为她脸上时刻洋溢着幸福的笑容，用轻柔的声音在演唱，只要你们也做到如此，歌声也会如此动听的，想不想来试试?""想!"同学们异口同声地说道。"首先，请你们调整好坐姿，脸上保持笑容，注意轻柔演唱!"看到同学们调整姿态后，我点击了屏幕中的歌曲文件，也许是因为刚刚欣赏完郭羿含小朋友的表演，大部分的同学现学现卖，都纷纷轻摇着头部，见到这一状况，我马上提出了表扬，听到我的表扬后，更多的同学加入进来，笑容更加甜美了！果真，孩子们的声音一出来就非常的柔美，我非常的欣喜，原来榜样有这么大的魅力！

在之后的教学中，我特别关注69班孩子的演唱状态，抓住孩子们每一个闪光点给予肯定、表扬！一学期过去了，孩子们的演唱越来越自信、大方，演唱的姿势、声音的拿捏、情绪的表达越来越到位了。孩子是需要鼓励的，是需要榜样带领的，我相信未来的他们都是一群自信、青春洋溢的少年！

轻声教育——让我们用心与孩子靠近

胡厚坤

在室外的体育课堂中，孩子们情绪高涨，很兴奋，面对一群闹哄哄的孩子，我总会不由自主地把我的嗓门提高八度，想用自己的声音盖过孩子们的，甚至会大声斥责或采取一些"极端"的方法，以为这样，孩子们会很快地安静下来。可往往事与愿违，我的声音变得像"刀郎"一样嘶哑了，孩子们却在短暂的安静以后，叽叽喳喳的声音又慢慢响起，依然我行我素。对此，我陷入了困惑，开始苦苦思索对策……

那是四月份最后一个星期的周五，下午第六节课，我上的是蹲踞式起跑。在集体进行完准备活动之后，我采取了探究式的教学方法，让学生尝试进行各种方式的起跑。可能是快要放月假了，孩子们归心似箭，心思全没在课堂上，一直无法投入正常的练习。我大声喊道："同学们，接下来我们要做一个练习……"可是，有反应的孩子寥寥无几，本想发火，却突然想到：我的声音再大，沉浸在要回家的喜悦当中的孩子们听不见，有用吗？为什么不换一种方式试试？我灵机一动，把食指放在嘴边，做了一个安静的手势，故作神秘地轻声说："孩子们，现在老师要和你们分享一个秘密哟！"孩子们的注意力一下子被吸引过来，课堂也很快地变得安静下来。接着我提高了声音，面带笑容问："你们想不想知道？"孩子们这时候就兴奋起来了，七嘴八舌地答："想，想知道！"注意力一下子又回到了课堂上……我故作神秘地说："接下来的练习，谁完成得最好，谁就可以得到老师的神秘礼物。"接下来的教学进展非常顺利，为了揭晓我的神秘礼物，孩子们练习得非常专注。看着他们在听我讲解时一双双求知若渴的眼睛，看着他们专注练习时的满头大汗，我脸上情不自禁地露出了会心的笑容。

下课铃响起了，还沉醉在练习中的孩子们猛然想起我的神秘礼物，一个个叽叽喳喳地围了过来。我张开双臂，轻轻地说："胡老师真心的拥抱算不算？"原以为会有孩子嗤之以鼻，却没想到这些小家伙一个个蜂拥而至，将我围得水泄不通。此时，没有我的大声吆喝，没有孩子的大声吵闹，有的只是我们温馨的拥抱。

从那以后，我一直提醒自己要学会轻声和孩子说话，做一个睿智的教师。

第十章 真心——"妈妈"的故事

在美丽的云小，有这样一群身影：上午，她们忙碌着把寝室收拾得干净舒适；中午，她们忙碌着在食堂为孩子们打餐加饭；傍晚，她们忙碌着给孩子们洗澡、吹头发、剪指甲；深夜，她们忙碌着给孩子们盖被子……她们，被孩子们亲切地称为"妈妈"；她们，就是学校可亲可敬的生活老师；她们，用爱心演绎着一个个动人的故事。

编者按：把每一件简单的事情做好就是不简单；把每一件平凡的事情做好就是不平凡。云龙小学的老师，不简单、不平凡，用朴实与爱奏响校园最美的旋律。

最美的旋律

张梅琪

爱像一首田园诗，悠远纯净，和雅清淡；爱像一幅山水画，洗去浮华雕饰，留下清新自然；爱像一首深情的歌，婉转悠扬，轻吟浅唱。在云小寄宿部，就有着这样一群老师，她们平凡得犹如一滴露珠，普通得犹如一片绿叶，但她们却用自己至真至纯的爱滋润着每一个孩子的心田。

爱自己的孩子，是一个母亲的本能，无可褒扬。爱别人的孩子，那就是一种责任，一种包容天地的伟大情怀。她们总把耐心与包容，真情与母爱无私地给予。整整十年，秋去冬来，寒来暑往，在这岁月的更迭中，她们见证了一批又一批孩子的成长，也送走了一届又一届的学生。

爱，在云小的每一个角落；爱，在云小每一个人的心中。生活老师的岗位是普通的，生活老师的工作是平凡的。因为有爱，老师们任劳任怨地干好每一天，做好每一件平凡的事；因为有爱，才让老师们在平凡的岗位上处处闪着耀眼的光芒。

在校兢兢业业工作十年的彭映飞老师，一直不离不弃地守望着云小的每一次辉煌，这是一种怎样的执着啊！爱生如子的王小年老师，把爱全身心倾注在孩子们的身上，这是一种怎样的情怀啊！有着一颗火热心肠的冯小平老师，"俯首甘为孺子牛"是对她工作的写照，这是一种怎样的奉献啊！严父慈母般的周湘丽老师，科学有效的管理让学生心悦诚服，这是一种怎样的境界啊！……也许，她们记录下来的文字，并不华丽，甚至表达的情感也并非完整，但她们却是用整个身心，用她们朴实的爱演绎着一个个平凡但却感人的故事……正是因为有着像她们一样满怀爱心的生活老师，我们的学生才更健康快乐；正是因为有着像她们一样尽心尽责的生活老师，我们的家长才更放心满意；正是因为有着像她们一样乐于奉献的生活老师，我们的学校才会更加出类拔萃……

有位哲人曾说过：把每一件简单的事情做好就是不简单，把每一件平凡的事情做好就是不平凡。在这个平凡的生活老师岗位上，云小这支由65人组成的大团队，将会用我们辛勤的汗水去浇灌学生的心灵之花，用我们最真诚的奉献，奏响这首最美的旋律——爱之歌。

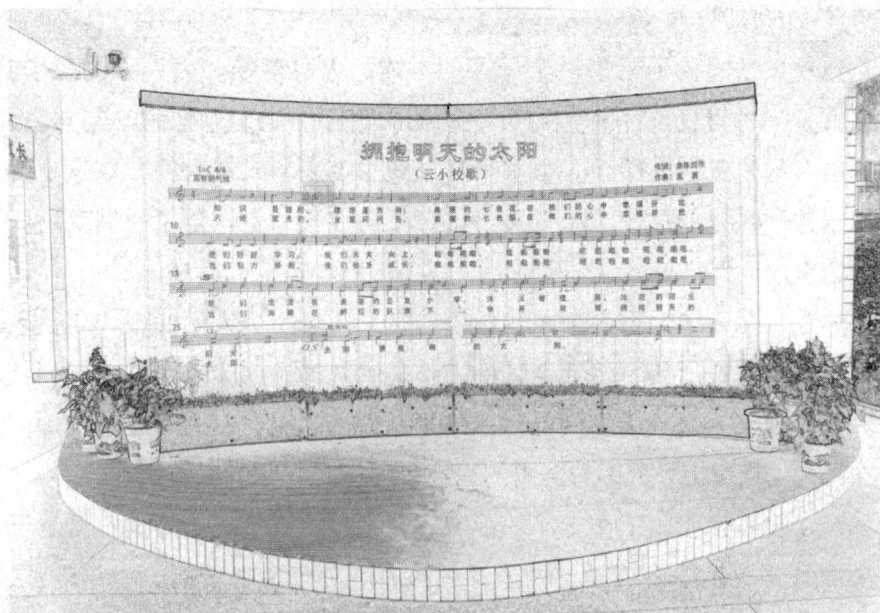

编者按：因为热爱，所以选择；因为选择，所以坚守。生活老师做的是普通的平凡小事，但关怀了孩子、温暖了家长、赢得了声誉。为你们点赞！

一朝携手，十年相伴

彭映飞

光阴荏苒，转瞬十年！

与云小相识，是与家人在雪松路漫步时，它无意间闯入我的眼帘：高大的教学楼与全新的绿茵场交相辉映，让人忍不住驻足观望，继而想走进它。

与云小相携，是 2006 年的 6 月。云小盛大起航，面向全社会招聘，经过层层筛选，我有幸被接纳，真正成为其中的一分子。从此朝夕与共，风雨相守，不离不弃。

十个年头，三千多个日子，就像一首歌，娓娓诉说着那些故事……

记得那个叫妍妍的孩子，五年级转来的那天，穿着一身白纱裙，大家都说她是个人见人爱的小公主。事实上，她的"公主病"很严重，生活自理能力基本等于零：早上不喊不起床，起床铃声自动忽略，不帮她挤牙膏，就不漱口。更别提自己洗袜子，还喜欢指派室友给她做东做西，大家不理会她，她就在寝室里大吵大闹。老师们提起她，都不知如何是好。这个娇娇小公主可真让人不省心啊，看着又让人怜惜。怎么办呢？我和她的父母打电话，详细了解了她家里的情况。果真，这公主病就是爷爷奶奶给惯出来的，父母也无奈，所以才选择送来寄宿。我马上调整了方案，一如既往地疼她，但安排的任务

175

也不打折扣。给她织细细的公主辫，牵着她参与同学之间的游戏，但也手把手地教她叠被子、洗袜子，并在适合的时机表扬她、奖励她。慢慢地，她从不乐意，到愿意尝试，再到欣然习惯，一切的转变都那么理所当然，也让我倍感欣慰，连孩子们都说"小公主"有人情味啦！

不曾忘记那个叫靓靓的孩子，毕业三年了，总会在母亲节这天给我寄来贺卡。她总说我是她的第二个妈妈，是我给予她这个被母亲抛弃的孩子以无私的母爱。是啊，因母亲病逝而一度孤僻叛逆的她，总喜欢缩在楼梯间的角落里，是我无数次牵起她冰凉的小手，紧紧把她搂在怀里，温暖她一个又一个寒夜。

生活老师的工作并不清闲，我的儿子儿媳也曾有过埋怨。一则是怕我劳累；二来也觉得家里条件并不差，无须我来干活。但我从不曾后悔，因为云小就像我的家，在这里有励精图治的好领导，有并肩共进的好同事，有我爱着、也爱着我的孩子们。

时间是一把尺子，它在度量与打包着我们走过的一段又一段的岁月；时间又是一支无形的笔，在书写着我们走过的每一步足迹。风雨也罢，荣耀也好，我们共同拥有，共同见证！许下希望与承诺，迈开我们矫健的步伐，朝着新的目标继续阔步前进！

编者按："时时警醒，终生难忘"一件小事却让老师不断地反省，这是多么的可贵呀！在云龙小学这座伊甸园里，正因为有了这么多负责、有爱、包容、敬业的老师才有如此强大的磁力。

一封检讨书的故事

郭红兵

我珍藏了一份检讨书，因为这封检讨书让我时时警醒，终生难忘。

一天清晨，我照例去叫学生起床，老远就听到308寝室传来嘻嘻哈哈诡异的笑声，同时伴有来来往往的脚步声。等我走到门口，声音戛然而止，门虚掩着，我没考虑太多，推开门。突然，一个拖把从门顶上砸下来，脏水溅了我一脸，拖把重重地砸在我的头上，立马引来学生哄堂大笑。其中小谦更是笑得前俯后仰，边笑边尖着嗓子喊："老师，愚人节快乐！""还快乐？"顿时，一股怒气直冲脑门，可想而知我当时的表情是多么可怕，笑声骤停，个个识趣地低着头。只有小谦依然笑声刺耳，我瞟了他一眼，他吐了吐舌头，不做声。我愤怒地将拖把摔到他跟前，板着脸指着他："你，给我拖地五遍！"他怒目而视，大摇大摆地冲出寝室，"哼，有什么了不起，就是不拖，大不了不读了！"此时我脑袋"轰"的一声响，这一刻所有的尊严轰然倒地，"你，你有能耐！"我气急败坏，眼泪夺眶而出。

慢慢地，我冷静了下来，一种深深的懊悔涌上心头，我是怎么啦？因为学生的过分玩笑而失态，竟因失态而迁怒于人？他们可是我的学生呀！中午，几个学生来跟我道歉："老师，对不起，我们本只想开个玩笑，但确实太过分了，老师，原谅我们吧！"我懊悔自己不该生气，我开始自责，平时教育学生理解、尊重、宽容待人，为什么自己却不能身体力行？为什么不能像朋友一样与孩子沟通？为什么竟然头脑发热用师长的威严惩罚学生？我陷入了沉思，从中领悟到了许多：给学生一个台阶，就是给自己一个台阶，尊重学生，也是尊重自己。晚上，我当着全寝室的学生道了歉，并教育学生，今后玩笑不能开过分！小谦更是主动交给我一份检讨书，情真意切，读来令人动容！就在这时，寝室里响起雷鸣般的掌声，在这片掌声中我暗下决心，今后，一定要以更宽容、更善良的心对待这群正在成长的孩子，做他们的良师益友！

编者按：爱在唇齿间，可以留香；爱在举止中，可以传递；爱在内心里，可以流淌；原来——

让爱伴随成长

唐应香

在云龙小学的一面外墙上最醒目地镌刻着"爱，可以创造一切奇迹"几个鎏金大字。六年前刚进云小的我似乎不能明白其背后的深意，六年后当我眼看着我从一年级带起的小毛孩一个个变成彬彬有礼的小淑女、小绅士，即将从云小毕业时，回首六年我和她们之间发生的点点滴滴，我明白了，爱是可以创造一切奇迹的。

"小洁，你别哭了，唐老师还在洗衣服，你这个样子她没有办法工作！"

"小洁，别哭了，大家都要休息了！"

"小洁，对不起，是我不对，你别哭了，好不好！"

"呜呜呜呜……"

此时的哭声一声高过一声，我知道我们寝室的小洁又开始哭起来了。"哎！"我叹了一口气，放下手中的衣服，赶往409宿舍。这个女孩是我到这工作以来最大的一块心病，心理脆弱而敏感，哭是她的家常便饭，想尽各种办法都不能使她安静下来。等她哭够了，自己停止了，又像没事一样。每次只要一点点小事惹恼了她，哪怕是她自己错了，她也要哭上半天。影响自己不说，更影响同寝室其他孩子休息。都几年了，这个习惯还没有改。每次和家长交流，家长说孩子在家是很开心的。难道我的方法错了？又一次查寝，来到宿舍门口，其他孩子都静了下来，只有她的哭声还没有停下来，孩子们又一次不耐烦地望向她，我示意孩子们不要不友好。我说："小洁，去我宿舍吧。"可能连她自己也数不清多少次来到我的宿舍。同宿舍的老师们都去安寝了，我示意她坐下。我没像往常那样问她什么原因，而是拿起了拖把开始搞宿舍卫生。她边哭边望着我，可能在等我开口吧，我内心也有一团怒火在燃烧着，豆大的汗珠从我的额头上掉下来，我没有停下来，使的劲更大了。拖把来到她的脚边，我用力一拖，等待着她更大的哭声。"唐老师！"没想到她竟然收嘴了。"怎么？"我的语气竟然有些赌气，想起来学校的这些年，几乎都是伴随她的哭声走过来的，我就忍不住生气。"唐老师，你有白头发了。"她惊讶道。"那还不是被你气的！"我脱口而出。她顿时安静下来，低下头若有所思，眼泪又开始流下来，不过没有了声音。"小洁，都快六年了，你也快毕业了，你怎么还那么不懂事呀！"我语重心长地说。我把拖把放一边，准备和她说说道理。"唐老师，我和你保证，我以后再也不哭了，我再也不让你长白头发了。"听到这话，我一怔，随即说："只要你听话就好。"她望了望我，嘴巴张了张。我看她没哭了，准备让她回宿舍睡觉。她抬起头，脸上有些腼腆："唐老师，在这里，我最喜欢你，你就和我妈妈一样。我的成绩不是很好，我有时候没有自信，每次一哭，你都会跟我说好多。开始我并不懂什么意思，现在我慢慢大了，我能明白，有时候我哭，只是想听你和我说说话，我保证我以后不哭了，我能做到，我不想让你老，唐老师，晚安！"她一溜烟跑出了我的宿舍。这下连我自己也蒙住了。六年了，一直是这样，我倾尽自己所有的耐心，耐着性子和她说道理，我一直以为她还不懂，没想到她早已明白，她只是依赖我而已。我坐在床边，回想近六年来的点点滴滴，我的眼泪也忍不住落了下来。我知道这是喜悦的泪水。

在这六年中，每天都有不同的故事在宿舍演绎，有欣喜也有悲伤，不过故事的结局都是美好的！因为爱是可以创造一切奇迹的！

编者按：因为你的一次善举，老师感动得稀里哗啦；因为你在渐渐长大，老师高兴得如同父母；只要是关于你，云龙小学的学生，这群生活老师就幸福而充实。

孩子，你长大了

王小年

我是云小一名普通的生活老师，在这几年学校工作中，我有过成功的喜悦，也有过失败的忧伤；有过收获的快乐，也有过痛苦的彷徨。但更多的是自豪、是幸福，还有触动心灵的感动，因为我拥有一群懂事可爱的孩子们，他们每一天的成长都是我幸福的源泉！

那是一个中午，"王老师，我考上江声了，谢谢您，要不是您的严格要求，像妈妈一样的关心照顾，我可能会考不上江声。"原来是小博迫不及待地和我分享他升学的喜讯。我是从二年级就接管照顾他的生活。记得刚接手时，他瘦瘦的，一身总是弄得脏兮兮的，让我看了又爱怜又有点苦恼。而且他的脾气性格很不好，就像一只小刺猬，同学都不愿跟他做朋友。通过与他多次交流后，我了解到他是一位来自农村的留守儿童，在爷爷奶奶身边长大。爷爷奶奶对他只有百依百顺，而且缺乏教育的方法，但我发现孩子很善良。"老师，我好想爸爸妈妈！"他每天都会和我重复着这些话，而他每一次说这一句话，都会像一根针一样刺疼我。生活的不易，不但让父母亲承受着与孩子的分离之苦，更让孩子承受了他这个年龄本不应该承受的一切。星期五看着家长们都高高兴兴地牵着孩子们的手回家，周日又幸福地送孩子到学校，我不由得想起小博，更是无比心酸。作为生活老师，我尽力扮演好母亲的角色，填补孩子心灵的空白。"孩子，爸爸妈妈要工作，不能天天守护在你的身边，但他们也是为了给你创造一个更好的条件。你看，你现在在一所这么好的学校读书，成为云小的一员，难道你不感到幸福和自豪吗？有什么困难我们一起努力，一起战胜它，好吗？"这些话语我自己都记不清对他说了多少次，虽然次数多了，有时显得苍白，但是我对他的生活照顾的点点滴滴，他却一一记在了心里：感冒了，我给他准备好药，看着他吃完；晚上睡觉，帮他盖好被子；换季的衣物用品我都会早早地和爷爷奶奶联系，帮他准备好……"老师，您真像我的妈妈！"这是小博在一天睡觉时对坐在他旁边的我说的一句让我记忆最深刻的话。

我给予了小博生活上无微不至的关怀，小博也给了我无数记忆犹新的感动！金秋体育节时，我的脚受了伤，走路很吃力，一天晚餐后，我在走道上慢慢地走着。"老师，您没事吧！我来扶您一把吧！""老师，停下来休息一下吧，有什么事我来帮您！"小博变得越来越懂事。等学生们洗完澡后，他把所有的脏衣服都收集到桶子里，并送到洗衣房门口，看到这一幕，我的眼睛模糊了，眼泪情不自禁地流了下来……这是高兴的泪水，是幸福的泪水。孩子，你真的长大了，懂事了！老师为你的成长而骄傲！

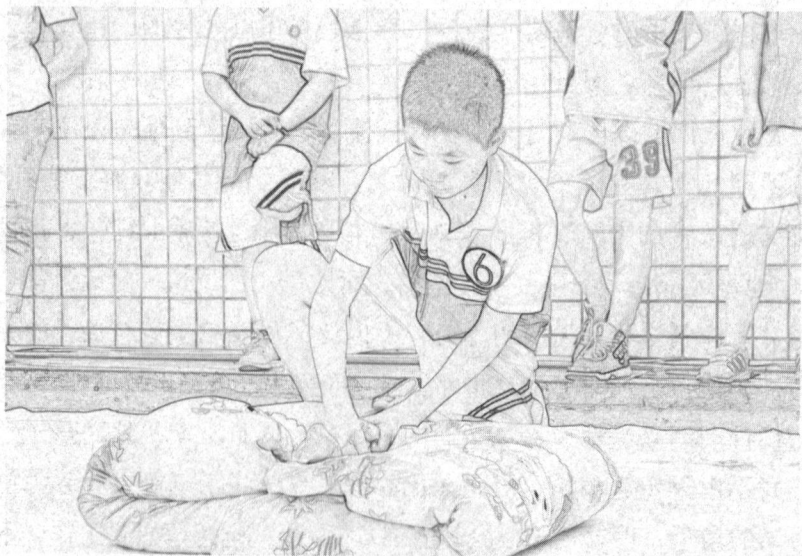

编者按：被爱是一种幸福，给予爱是一种快乐！文老师用自己的实际行动，诠释了什么是母爱。

爱是快乐的

文元秀

多少个春夏秋冬，无数风风雨雨，我们用博爱滋润快乐，用鼓励唤醒自信，把全身心的爱播洒在每一个孩子的心田，让孩子们在爱的沃土里茁壮成长。作为生活老师，爱是最基本的职业道德，爱是最深刻的教育情怀。在云小，每天都发生着无数个爱的故事！

小珂是个性格倔强却又非常聪明的小女孩，爸爸妈妈一直在外打拼，她从小跟着爷爷奶奶一起生活。爷爷奶奶格外疼爱她，什么都依着她。久而久之，她变得有点骄横，就像一只浑身长刺的小刺猬，没有人喜欢跟她玩。刚接触她时，每天看到的，总是她默默呆在一旁孤独的身影。一个周末的下午，班主任老师突然打来电话：小珂不见了！我赶紧在寝室的每一个角落仔细地搜寻了一遍，都没找到。这下我急了，不假思索地冲出寝室，在学校每一个能藏人的地方寻找着。汗水已湿透了我的衣衫，可小珂却仍无踪影。我边走边呼唤着："小珂，你在哪里？"终于，在一棵大树底下，发现了蜷成一团的小珂。我连忙跑过去，一把搂住小珂，也许是久违的拥抱，触动了她那根渴望母爱的心弦，她"哇"的一声在我怀里大哭起来，一边喃喃地诉说着："同学们都不跟我玩，爸爸妈妈也不来看我，看到小朋友们都被接回家，我心里好难受，我想回家，我要妈妈……"出于母亲的本能，一股怜爱之情油然而生，我把她搂得更紧了，贴着她的小脸蛋，告诉她："小珂乖，爸爸妈妈没有不喜欢你，还有文老师喜欢你，同学们也会喜欢你……"从那以后，我几乎每天都要找她聊一聊，聊一些有趣的让她开心的话题。她生日那天，我还精心挑选了一个小礼物送给她……渐渐地，她的脸上露出了灿烂的笑容，与同学也慢慢变得亲近。教师节那天，我惊喜地收到了她送给我的康乃馨。我深深地感觉到：被爱是一种幸福，给予爱是一种快乐！

神奇的橘子皮

谷顺秋

橘子皮是大家熟悉得再也不能熟悉的东西了，它能有什么神奇的地方？看完下面的故事你就知道啦！

我们312寝室有个叫小雨的女孩，她有一双大大的眼睛，忽闪忽闪的，非常可爱，但小雨睡觉时有个小毛病——打鼾。经过312寝室的老师们听到后，都会忍不住笑着说："睡得真香！"这可害苦了那些还没睡着的同学，孩子们不时地跟我诉苦，一旁的小雨很无辜地说："我睡着啦，不知道啊！"我想着法子帮小雨替换枕头，调整睡姿，依然收效甚微，鼾声依旧。

终于有一天，睡在下床的小艺为此与小雨吵了起来，小雨满怀委屈地大哭起来。我认真而又耐心地做孩子们的思想工作："小雨打鼾，她自己也无法控制，我们应该学会宽容和理解。""老师，我们就把鼾声当做催眠曲吧。"可爱的孩子们，又有几个人真的有如此本事啊！但孩子们晶莹的心灵是没有瑕疵的。事情平息了下来，孩子们又和好如初，似乎什么都没有发生过，我知道每个孩子都在努力地让鼾声变得美妙，直至消失在自己的梦里。小雨更把这事放在了心上，为了不让自己打鼾打扰到同学们的休息，她一直都在寻找方法。

那是周末返校的一个晚上，当我正要提醒孩子们熄灯睡觉时，小雨走过来将剥好的橘子塞到我嘴里，"咦，怎么现在吃桔子？"我问道。小雨回答："妈妈告诉我，每晚睡觉的时候嘴里含块橘子皮可以治打鼾，坚持两个星期，每次15分钟，请您一定要记得叫我把皮吐了哟！""哦，是吗？"我深表怀疑。"是真的！"小雨大大的眼睛充满了信心，这份信心打动了我。"好，我们试试。"其他的孩子高兴地说："终于有办法治打鼾了。"大家都充满期待。

就这样，每天晚上，小雨都会含块橘子皮睡觉，非常认真，没有丝毫怠慢。坚持了一个星期后，小雨试探性问我："老师，我还打鼾吗？""嗯，好多啦！"我说，孩子们也随声附和"真的好多啦！"小雨更有信心了，买来了更多的橘子，又坚持了一个星期，当两个星期的治疗完成后，小雨忍不住再问我："老师，我还打鼾吗？"看着小雨和所有孩子们充满期待的眼神，我异常肯定地告诉她们："没——有——啦！"孩子们顿时欢呼起来："啊，太好啦，我们可以安安心心睡觉啦！"

从此，鼾声奇迹般消失了，多么神奇的橘子皮！

编者按：默默无闻，无私奉献，你们是辛勤的园丁，你们是慈爱的母亲，你们是最可爱的人。

特别的爱给特别的你

杨伟平

来到美丽的云小已近两年了，期间有喜有忧、有笑有泪。回首往事，至今历历在目。

我带的学生中有个叫源源的男孩，刚来的时候，我偶然发现他身上带着一股臭臭的异味。经过仔细询问，他终于不好意思地告诉我，他先天患有肛门缺陷症，虽然做了手术，但并不那么完美，要随着年龄的增长，渐渐地愈合。他很自卑，眼泪一滴滴流下，我耐心地安慰他，"孩子，你不要着急，要勇敢，要坚强，要有战胜困难的男儿勇气。学习方面有优秀的教学老师，生活方面有我们负责的生活老师。我们都会帮助你一起战胜困难、战胜病魔的。"他笑了，以后的日子里，每到下课后回到寝室，他总是第一时间走到我面前："老师，请您看一下我裤子脏不脏?"我赶紧帮他脱下裤子检查，的确有点脏，便帮他换上干净的内裤，这样的情况，几乎天天如此。

他虽然懂事，但个性也比较倔强，好动又比较顽皮。有一次和同学们一起玩游戏，一不小心把手摔断了，听到这个消息，我心里十分着急。班主任老师马上通知他的家长，并及时把他送到医院治疗。住院期间，我和班主任与学校领导一起到医院去探望他，他看到我们，激动得泪如雨下，并保证今后再不去玩那些危险的游戏了。我对他说："孩子，快快好起来，大家等着你!"经过医院的精心治疗，他很快地回到了学校。以后的一个月里，我每一餐都帮他把饭菜送到教室，亲自帮他洗澡，每天给他最细心的照顾，他恢复得很好。

虽然有的孩子身体状况有些特别，我认为他们更需要我们加倍的呵护与关爱，特别的爱给特别的他们，他们也会还我们以特别的尊敬，给我们特别的幸福！

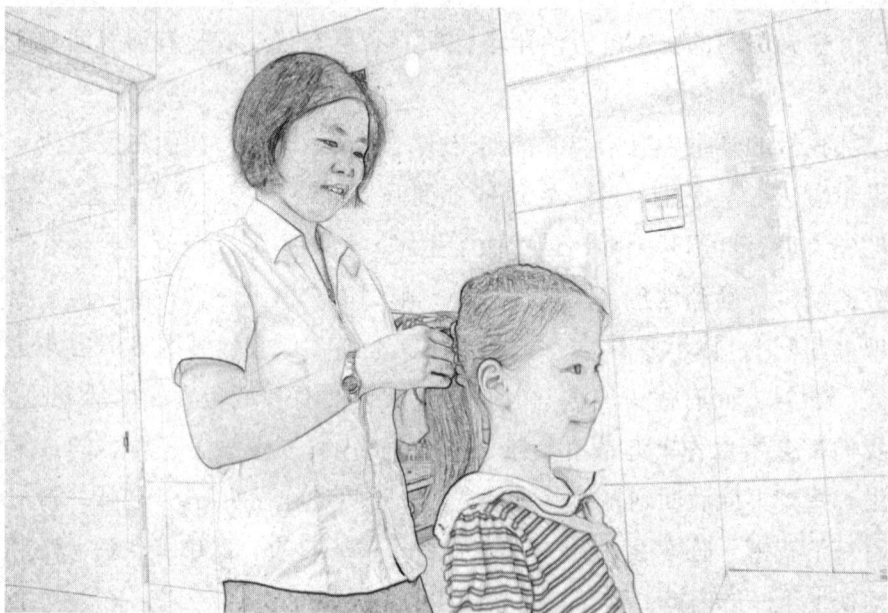

我的幸福

袁灵芝

在云小的每一天，都有令我感动的人，更有许多令我感动的事。

记得我曾带过一名学生叫小伟，他有些调皮，又有些可爱，但前者胜过后者；他太过好动，又有些古灵精怪，但前者胜过后者……我知道，对于他，讨厌、放弃，只会让他变本加厉，只有给予更多的关爱和帮助才能让他有点点滴滴的进步。但又不能一味地纵容和迁就。所以，每次犯了大的错误，我和宿舍管理的主任商量好，总是一个唱红脸，一个唱白脸，记不得这样演绎了多少回。孩子也在我们这样一次次软硬兼施中慢慢地进步了。记得胡校长曾这样说过：最调皮的学生可能是最讲义气的，最能记得你的人。果然，在他毕业后的第一个新年，第一个送我新年礼物的就是他，我惊喜不已。

信封上是这样写的："袁老师，您还记得我吧。我是您带的学生小伟，以前最调皮捣蛋的那个学生……不知不觉中，又是一年啊……"似乎写了这些，还不放心，又在背面写道："袁老师，您一定认为小伟忘记您了吗？不，没有，刚好藏在记忆深处。您对我的爱，真甜，我一辈子，下辈子也不会忘记。"这些文字，让我倍感温暖。以前他淘气的样子又浮现在我的脑海，一切是那样熟悉而美好！

再次打开这封信时，更是惊喜连连：他写的一篇作文得了全国中学生优秀作文二等奖，并把这篇作文一起寄给了我，让我和他一起分享快乐……他还给我颁了奖呢：尊敬的袁老师，因本学年关心学生，辛勤付出，任劳任怨，得到同学们一致好评，特发"最受尊敬老师奖"，以表谢意！把奖状翻过来再一看，又这样写着："袁老师，新年来临之际，祝您身体健康，万事如意。是您，还是您，教会我自理知识，要不然，我怎会评上自理明星？是啊，师恩确实比母爱更珍贵，如今，那墙上一张张奖状，我就会想起老师，第一个想起的就是您啊！"

看完这些，我好感动，好幸福……的确，一分耕耘，一分收获，有付出，就有回报。有学生如此，所有的辛劳和付出此刻都变成了美好的回忆。这，就是生活老师的幸福！

以真心换真心

周春惠

夜深了，我拖着疲惫的身躯查完了最后一班岗，看着孩子们恬静的脸庞，听着他们轻微的呼吸声，我轻轻地帮他们盖好被子，悄悄地关上房门。悠长的走廊上，喧嚣早已退去，唯有静谧笼罩，我的心也变得沉静，舒展着身子躺在床上，不禁思绪万千。

记得开学第一天，我们寝室新来了两个四年级的学生，其中一个学生手骨折还未完全康复，再加上他没有和本班的同学住在一起，家长很不放心，担心他的生活无法自理，更担心他受到高年级孩子的欺负，所以每天都要带着担忧和疑虑来寝室查看，并多次找班主任协商要求调回本班寝室。

这一切的担心都是源于对我还不够信任，唯有真心才能换来真心。对于这个孩子，我给予了更多的关爱，同时也将他在寝室的情况及时向家长详细汇报，与家长交流的次数多了，他们对我的信任也越来越多。同时我也总是教育本班的孩子，你们是六年级的大哥哥，他是四年级的小弟弟，要像亲兄弟一样爱护他，他现在手还不方便，你们更要主动地去帮助他。我们班的孩子本就是非常友善，听了我的话之后更是表现得特别热情。弟弟被子没叠好，一定会有人主动帮他完成，并耐心地指导他怎么做；弟弟想家了，马上有人安慰他，开导他；弟弟想由上床调换到下床，马上会有人与他交换。开学时，因为突然更换了寝室，孩子处在一个完全陌生的环境中，缺乏安全感，所以不愿意来寝室睡觉，执意让家长在学校办了一个每天接送的出入证明。现在相处久了，他们的关系变得越来越融洽，孩子不再每天嚷着回家。孩子们的友善拉近了心与心之间的距离，也消除了家长的顾虑，终于不再一天一个电话，一天一次视察，在与家长的交流中我也明显感受到了家长对我的认可和感激。

来云龙小学多年，看着孩子们一天天地长大，我有一种说不出的成就感和满足感。我爱这份职业，我爱这群孩子，我愿化为一丝春风，轻抚他们稚嫩的脸庞；我愿化为一缕阳光，用母性的光辉照耀每一株幼苗。我也发现，当自己真心付出时，换来的不仅仅是感谢，还有真心。

编者按： 接纳孩子的缺点，鼓励孩子的优点，宽容孩子的错误，激发孩子的热情，许老师不愧是教育的行家里手，你用"润物细无声"的方式温暖了孩子，也温暖了大家。

春风化雨

许爱君

这个学期才转到我寝室的洋洋是个聪明却调皮的孩子，个子小小的，却"鬼精灵"，真可谓"人小鬼大。"他的模样虽然长得很可爱，但一点也不讲卫生。清早我送他出寝时，衣服穿得整整齐齐，手脸洗得干干净净，可中午一回寝室，脸上尽是黑印子，衣服早已找不到早上干净的痕迹，看上去"小花猫"一个。这还不算，最让我恼火的是，有一次他因没有零食吃，竟偷偷地拿了别人的钱去买东西。当时，我并没有狠狠地批评他，而是心平气和地问清楚缘由，然后跟他家长取得联系，我们要想出最恰当的办法，既不能伤害孩子，又要让孩子认识到错误。我和他妈妈商量，每个星期把钱存到我这里，孩子有了一丁点进步，我便买来好吃的或者他喜欢的玩具，让他尝到表现好的甜头。慢慢地，他学会了怎么讲究卫生，懂得了如何尊敬师长，更让我欣慰的是，他再也不乱拿别人东西，那天在寝室捡到1块钱，他赶紧把它交给了我。

从此，洋洋就如同换了个人似的，身上的坏毛病逐渐减少，每当看到我或其他老师总会热情地问好。这一切的一切让我始料未及，但却又那么的真实。是的，孩子是单纯的、无邪的。他们这个年龄是非观念不强，自我管理意识极弱。对他们的教育，"春风化雨"远比"声色俱厉"来得完美，来得有效，来得更有意义和价值。

编者按： 谁说孩子没心没肺，其实，他们才是生活最细致的观察者。单老师生病了，孩子利用课余时间给老师买药、冲药，不忘提醒老师喝药。读着这篇暖文，心里也充满了久久的感动。

感动

单冬华

时光荏苒，转眼与孩子们朝夕相处了五个春秋。蓦然回首，我与学生相处的点滴，有些随着时间的流逝已淡忘，有些因为感动会时常勾起我的回忆……

那是一个阴霾的冬日，我和平日一样到学生的寝室给她们准备晚上洗澡的衣物，当我走进316寝室门口时，意外地发现饮水机的指示灯是亮着的。第一反应是，肯定有学生趁我不在寝时，回寝室打开了饮水机，因为每天我离开寝室前都一定会把电源关闭的。我一面往里走一面用嘶哑的声音问："请问是哪位同学在里面呢？"静静的，无人回应。我纳闷了，是谁来过呢？当我走进洗漱间，台面上有一杯冒着热气的水，不对，是药水。而且杯子下还压着张小纸条，纸条上写着："亲爱的单老师，我用零花钱在彭医生那帮您配了感冒药，记得趁热喝哟！琼琼。"顿时一种被爱的感动溢满全身。感动之余才记得早上琼琼（是第一个发现我感冒的学生）问我："单老师，您是不是感冒了？""宝贝你是怎么知道的呢？""因为你刚刚叫我们起床时，声音嘶哑并且带着浓重的鼻音。"我给她做了个你真棒的手势，她高兴极了，临出寝前，凑到我耳边，关切地问："您肯定是昨晚在为我们晾衣服和晚上给我们盖被子时染了风寒。记得每次我们生病了，您总是放下工作第一时间就带我们去医务室看病，叮嘱我们及时吃药，所以今天您也必须放下手头上的工作，记得去医务室看病，一定要按时吃药哟！今天晚上的衣服我们回来帮您晾……"望着她一副小大人的模样，感慨万千，多么贴心懂事的孩子呀！

因为被爱，心暖暖的；因为被爱，觉得这个冬天格外温暖……回忆着仿佛就发生在昨天的往事，就如五年的时光在指间轻轻划过的师生情。如冬日的一束阳光，温暖我整个冬天；如夏日的一杯甘泉，清凉我整个夏天；如夜晚的灯，照亮着我前行的道路……人生的路，因为有你们相伴相随，相惜相爱，让我对自己的工作坚持与执着至今！

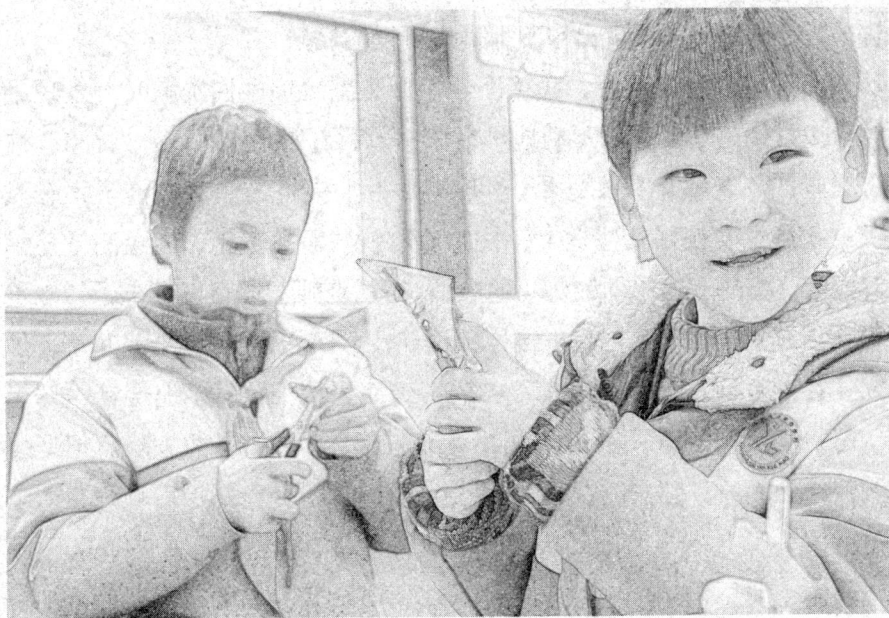

编者按：孩子生病了，发高烧，刘老师衣衫不解地为学生守护，量体温。比孩子父母都尽心尽力，赢得了家长的盛誉。

真情付出的爱

刘学军

"刘老师，我多么希望暑假快点过，我好每天看到您。"这是我在暑假收到学生发给我的短信。尽管只有短短的两句话，却让我感动了许久，脑海里马上浮现出小玲那俏皮可爱的模样。

那是一个晚自习后，我接完学生回寝室督促她们洗漱时，发现平时活泼好动的小玲一动不动地坐在床上。我赶紧走上去问："玲玲，你怎么啦？""老师，我头好晕。"我用手摸了摸她的额头，糟了，有点烫。我急忙安顿好其他学生，扶起玲玲就往医务室跑，体温测量显示38.5度，我马上拨通了她妈妈的电话。"刘老师，现在没有车了，她爸爸又不在家，我明天再过来接她，请你让彭医生开点药。"我知道，她家住在湘乡，这么晚了确实不方便。彭医生给小玲打了退烧针，开了些药，叮嘱我："隔几个小时再给她量一下体温，如果再发烧就把退烧药喂给她喝。"从医务室回来，马上给小玲喂了药，然后安顿她上床睡觉，因为晚上要测量体温，我没敢睡着，一直坐在小玲床边，守着她睡。时不时用手摸摸她的头，幸好，烧慢慢退了。第二天早上，小玲又恢复了以前的活蹦乱跳，我连忙把这个好消息告诉了她妈妈，并请她不要担心，有事我会跟她联系。小玲妈妈感慨地说："把孩子放在你们学校，我真的很放心！"听着这暖暖的话语，我觉得所有的付出都是值得的。

编者按：用心守护，用爱呵护。李老师用拳拳慈母心，温暖了这颗"流浪的心"。

爱是一缕温暖的阳光

李佳平

时光荏苒，一转眼，我来云小这个温暖的大家庭已9年了，9年当中，我和孩子们之间的故事还真不少。

记得去年下学期，我接管了65班的男生。一个星期一的中午，我在寝室外帮学生修剪指甲，航航排在队伍的最后一个。当我帮他修剪完后，突然，他反过来冲我就是一拳。当时，我愣住了，他怎么会莫名其妙地打我呢？我好奇地跑过去问他，他却趴在床上哭叫起来。这时，上课铃响了，我只好带着满腹疑问先送他去教室上课。晚上，我躺在床上冥思苦想，这孩子今天到底怎么啦？我拨通了孩子妈妈的电话，把孩子白天的举动告诉了她，她当时没说什么。过了一会，我收到了一条长长的信息，航航妈把孩子的性格和家庭的状况全盘托了出来。原来，孩子的爸爸因患癌症早年去世，一直隐瞒他，直到去年暑假时才告诉他，他一下子无法接受这残酷的现实，从此，他的性格大变，变得时不时地会哭叫。

我该怎么办呢？我首先是多与家长交流，要求家长多与孩子亲近、沟通。同时，我也多与孩子聊天，经常问一问："航航，这个周末过得愉快吗？妈妈给你做什么好吃的啦？"过节时，我特意留点节日的食品给他吃，平常一有什么好吃的，我也总是留给他。渐渐地，我与他拉近了距离，然后我再慢慢地开导他，对他动之以情，晓之以理，使他觉得在校也有家的感觉，老师是他在学校最好的依靠。功夫不负有心人，经过我耐心地说服、细致地照顾，孩子从失去父亲的阴影中慢慢走了出来。如今，航航已是一个非常乖巧懂事的孩子了。

每一个孩子都是一本书，书里的故事多种多样。作为老师，我们应该细细地读，慢慢地品。只要我们老师读懂了，每一个孩子都将成为一朵美丽的花蕾！

编者按：相信孩子，静待花开，也许你的种子永远不能开花，因为他是一棵参天大树。

蜕变

齐利香

亮亮是本寝室里各方面都有些滞后的学生。班主任对我说，全班三十多位小朋友只有他在板凳上连3分钟都坐不住，调皮捣蛋，自己不安静，还经常打扰其他同学。家长会时，他妈妈鼻子一酸差点掉下眼泪来，"老师，这孩子怎么办呀？"我安慰她说："别急，慢慢来，我们多鼓励、多引导他，相信他会有进步的。"

我觉得这个学生虽然自律性不强，但是挺聪明的。生活中，我仔细观察他，发现他的闪光点并加以表扬和引导，同时，我也花很多时间来陪他，给他讲道理，和他做游戏。有一天周老师讲课时，亮亮的表现有进步，上课能安静地坐好半个小时了，太好了。于是我对他说："亮亮，今天你的表现真棒，居然安安静静地在椅子上坐了30分钟，如果你能认真地上完一节课，齐老师就给你奖品。"我知道他喜欢奥特曼，买了些碟片送给他。孩子得到了奖励，高兴极了，从此上课也认真了很多。这样长时间的鼓励和他自己的坚持，最终让他养成了认真听讲的好习惯。一次，我发现他和同伴的关系处理得不是很好，我就在故事书中找了一些同伴相处的内容，在给他讲故事的时候，引导他向故事中的主人翁学习，团结同学，帮助他人。平常也鼓励他参加各种各样的活动，比如：画画、跳舞。还安排了他当寝室长。在期末表彰会上，他获得了才艺进步奖，我由衷地感到高兴！现在的亮亮都三年级了，每学期都能评上"三好学生"。

　　其实每一个孩子都好比一粒种子，只不过每颗种子的花期不同，有些花起初就能灿烂绽放，有些花需要漫长等待。不要看自己手里的那颗还没有动静就着急。细心呵护，陪他沐浴阳光；经历风雨，慢慢长大。又何尝不是一种幸福！相信孩子，静待花开，也许你的种子永远不能开花，因为他是一棵参天大树。